FREMD IM EIGENEN LAND?

Zwischen Synagoge und Museum:
die jüdische Gemeinde Augsburg, 1969 – 1990.

FOREIGN IN ONE'S OWN COUNTRY?
Between Synagogue and Museum: The Augsburg Jewish Community, 1969 – 1990.

Mit Ausschnitten aus Videointerviews
mit Zeitzeugen

With excerpts from video interviews
with eyewitnesses

Katalog der gleichnamigen Ausstellung des
Jüdischen Kulturmuseums Augsburg-Schwaben
vom 1. Oktober 2014 bis 17. Mai 2015
herausgegeben von Benigna Schönhagen

Catalogue of the exhibition of the same title at the
Jewish Culture Museum Augsburg-Swabia
from October 1, 2014 to May 17, 2015
edited by Benigna Schönhagen

Ausstellungsreihe
JÜDISCHES LEBEN IN AUGSBURG NACH DER KATASTROPHE
Idee und Konzept: Benigna Schönhagen

Exhibition Series
JEWISH LIFE IN AUGSBURG AFTER THE CATASTROPHE
Idea and Concept: Benigna Schönhagen

Impressum – Imprint
Teil 3
FREMD IM EIGENEN LAND?
Zwischen Synagoge und Museum: die jüdische Gemeinde Augsburg, 1969 – 1990.

Part 3
FOREIGN IN ONE'S OWN COUNTRY?
Between Synagogue and Museum: The Augsburg Jewish Community, 1969 – 1990.

Konzeption – *Concept:*	Marc Wrasse
Redaktion – *Compilation:*	Benigna Schönhagen
Objektfotografie – *Photography:*	Franz Kimmel
Übersetzungen – *Translations:*	Philip Zimmerman (Englisch)
Lektorat – *Copyediting:*	Dominique Hipp, Monika Müller
Ausstellungssekretariat – *Exhibition office:*	Irina Dünnwald-Jabotinsky
Gestaltung – *Design:*	Natalie Blei, Christoph Reichert
	Friends Media Group Augsburg, www.fmga.de
Druck – *Printing:*	Eitzenberger. Media Druck Logistik.
	www.eitzenberger.de

Die Ausstellung steht unter der Schirmherrschaft von Dr. h.c. Charlotte Knobloch, Präsidentin der Israelitischen Kultusgemeinde München und Oberbayern.
This exhibition is presented under the auspices of Dr. h.c. Charlotte Knobloch, President of the Israelitische Kultusgemeinde Munich and Upper Bavaria.

Die Deutsche Bibliothek verzeichnet diese Publikation in der Deutschen Nationalbibliographie, siehe: www.d-nb.de.
The German Library lists this publication in the German National Library Bibliography, see: www.d-nb.de.
© JKM Jüdisches Kulturmuseum Augsburg-Schwaben. – Jewish Culture Museum Augsburg-Swabia.

Jüdisches Kulturmuseum Augsburg-Schwaben, Halderstraße 6 – 8, 86150 Augsburg, Telefon +49 821 51 36 58

Alle Rechte, auch diejenigen der Übersetzung, der fotomechanischen Wiedergabe und des ausgewiesenen Abdrucks vorbehalten.
All rights reserved, also for the translation, for photomechanical reproduction and reprints.

ISBN 978-3-9814958-6-7

4	Vorwort – Benigna Schönhagen Foreword	10	Die Gemeinde: Leben mit Gegensätzen The Community: Living with Contradictions
5	Einführung – Marc Wrasse Introduction	21	Der Lehrer The Teacher
6	Zum Geleit – Hella Goldfein Preface	30	Die Gemeinde: eine neue Generation The Community: A New Generation
		38	Die Wiederherstellung der Synagoge The Restoration of the Synagogue
		45	Das Ende des Schweigens The End of the Silence
		56	In alter Pracht Restored to Former Glory
		63	Begegnungen Encounters
		71	Ein Museum in der Synagoge A Museum in the Synagogue
		78	Das eigene Land – das andere Land A Country of One's Own – The Other Country
		90	Zusammengefasste Ausschnitte aus Video-Interviews mit Zeitzeugen Summarized Excerpts from Video Interviews with Eyewitnesses in German
		100	Anmerkungen Notes
		102	Quellen und Literatur Sources and Bibliography
		104	Verzeichnis der Exponate Index of Exhibits
		108	Gedicht – Ulla Hahn Poem
			Dank Acknowledgements

Vorwort – Foreword

Vorwort

Mit der Ausstellungsreihe JÜDISCHES LEBEN IN AUGSBURG NACH DER KATASTROPHE hat es das Jüdische Kulturmuseum Augsburg-Schwaben unternommen, erstmals die Nachkriegszeit einer jüdischen Gemeinde in Deutschland über mehr als sechs Jahrzehnte sichtbar zu machen. Während Teil 1 das Nebeneinander von deutschen und osteuropäischen Juden in der unmittelbaren Nachkriegszeit beleuchtete, das von der Frage bestimmt war „Gehen oder Bleiben?", zeigte der zweite Teil, dass auch in den Jahren zwischen „Wiedergutmachung" und „Wirtschaftswunder" für viele der von der Shoa gezeichneten Mitglieder der jüdischen Gemeinde offen blieb, ob es für sie eine Zukunft im „Land der Täter" geben könnte.

In den 1970er und 1980er Jahren, um die es in der dritten und von diesem Katalog begleiteten Ausstellung geht, war eine neue Generation herangewachsen. Angesichts der Ignoranz der Mehrheitsgesellschaft und der Ambivalenz ihrer Eltern hieß ihre Frage: „Fremd im eigenen Land"? Während einige dies Dilemma mit ihrer Einwanderung nach Israel zu lösen versuchten, traten andere mit dem gesellschaftlichen Aufbruch dieser Jahre vorsichtig aus dem Schatten der Shoa heraus und entwickelten eine kritische Identität als junge Juden in Deutschland.

Gründliche Recherche in den lokalen Archiven und intensive Gespräche mit den Beteiligten waren notwendig, um diese zwei Jahrzehnte des Umbruchs zu rekonstruieren und analysierend einzuordnen. Wir danken allen, die zum Entstehen der Ausstellung und dieses Katalogs beigetragen haben: Die Ausstellung wurde erst möglich durch die Beteiligung zahlreicher lokaler Institutionen, deren Mitarbeiter diesen Zeitabschnitt oft in Augsburg miterlebt haben. Für Auskünfte und Leihgaben danken wir dem Stadtarchiv, dem Archiv des Bistums Augsburg sowie insbesondere Vladyslav Shaykit vom Archiv der IKG Schwaben-Augsburg. Hilfreich waren auch das Staatliche Bauamt Augsburg und das Archiv der Augsburger Allgemeinen sowie Fred Schöllhorn.

Die Gespräche mit zwei Generationen der Augsburger Gemeinde, den Eltern von damals und den Kinder von damals, bildeten den Schlüssel für die Ausstellung: Ihre Offenheit und Gesprächsbereitschaft hat uns beeindruckt. Für die sozialpsychologische Einordnung in ihrem Grußwort danken wir Hella Goldfein sehr herzlich. Für die grafische Gestaltung von Ausstellung und Katalog haben wir erneut Christoph Reichert von der Friends Media Group zu danken.

Schließlich gilt unser ausdrücklicher Dank Marc Wrasse vom Jüdischen Museum Berlin, der die Ausstellung konzipiert und gemeinsam mit dem Jüdischen Kulturmuseum kuratiert hat. Mit beharrlichem Engagement, großen Kenntnissen und viel Einfühlungsvermögen ist es ihm gelungen, kluge Fragen an diese zwei Jahrzehnte jüdischer Existenz in Augsburg zu stellen und sie als eine Phase des Umbruchs, produktiver Konflikte und eines vorsichtigen Neuanfangs jüdischer Existenz in Deutschland herauszuarbeiten.

Dr. Benigna Schönhagen
Augsburg, im September 2014

Foreword

With the exhibition series JEWISH LIFE IN AUGSBURG AFTER THE CATASTROPHE, the Jewish Culture Museum Augsburg-Swabia has undertaken to show for the first time a Jewish community in Germany throughout the six decades and more of its postwar history. Part 1 shined a light on the coexistence of German and Eastern European Jews in the immediate postwar period, which was dominated by the question "Leave or Stay?," while Part 2 showed that even in the years between "Wiedergutmachung" and the "Economic Miracle" many members of the Jewish community, marked as they were by the Shoah, remained uncertain as to whether there could be a future for them in the "Land of the Perpetrators."

By the 1970s and 1980s – the period now covered in the third exhibition, which this catalogue accompanies – a new generation had emerged. The question its members faced, in light of their parents' ambivalence and the ignorance of mainstream society, was "Foreign in One's Own Country?" And while some tried to solve the dilemma by immigrating to Israel, others began, amidst the social upheaval of those years, to step cautiously out of the shadow of the Shoah and develop a critical identity as young Jews in Germany.

The reconstruction and analytical arrangement of these two turbulent decades required intensive conversations with the people who lived them and thorough research in local archives. We thank everyone who has helped with the exhibition and catalogue. This exhibition was made possible by the cooperation of numerous local institutions, many of whose employees experienced this period in Augsburg's history firsthand. For providing information or items on loan, we thank the municipal archive, the diocesan archive and especially Vladyslav Shaykit of the archive of the IKG Swabia-Augsburg. Likewise helpful were the state building office, the archive of the "Augsburger Allgemeine" newspaper and Fred Schöllhorn.

The key to the exhibition proved to be the conversations we had with two generations of the Augsburg community, the parents of those years and the children. We were impressed by their readiness to talk and by their candor. We cordially thank Hella Goldfein for providing the necessary sociopsychological context in her preface. We once again have Christoph Reichert of the Friends Media Group to thank for the graphic design of the exhibition and catalogue.

Finally, our express thanks are due to Marc Wrasse of the Jewish Museum Berlin for having conceptualized the exhibition and curated it jointly with the Jewish Culture Museum. With dedication, broad knowledge and a great deal of empathy, he has succeeded in asking intelligent questions of these two decades of Jewish existence in Augsburg, revealing them as a time that witnessed not only turmoil and productive conflict but also the cautious new beginning of Jewish life in Germany.

Dr. Benigna Schönhagen
Augsburg, September 2014

Einführung

Die Geschichte, von der diese Ausstellung berichtet, ist die einer erfolgreichen, aber unwahrscheinlichen Integration. Überlebende des Holocaust, fremd, mittellos, von der Tortur der Verfolgung gezeichnet und nach dem Krieg in Augsburg gestrandet, hatten sich Ende der 1960er Jahre in der Stadt etabliert. Jahrzehntelang waren sie von einem bleiernen Schweigen umgeben. Ihre Kinder gingen mit den Kindern der Täter und Mitläufer zur Schule und wuchsen als Augsburger Kinder auf – die Fremdheit ihrer Eltern war nicht die ihre, aber die Heimat der anderen Kinder war keine, die ihnen selbstverständlich sein konnte. Die Jungen von damals wollten nach Israel. Dass nicht wenige von ihnen nach einigen Jahren wieder nach Deutschland zurückkehren würden, war lange nicht absehbar.

Die Ausstellung erinnert an die Spannungen und Gegensätze, die das jüdische Leben in Augsburg in dieser Zeit bestimmt haben. Im Rückblick erscheinen die zwanzig Jahre vor der Wiedervereinigung als eine gemächliche Zeit: Wohlstand und kulturelle Vielfalt veränderten die deutsche Nachkriegsgesellschaft nachhaltig. In Wirklichkeit waren es Jahre voller Kontroversen. Mit Willy Brandt wurde ein ehemaliger Emigrant Bundeskanzler, im geteilten Deutschland bestimmte der Kalte Krieg die Politik und der Terrorismus stellte den Rechtsstaat auf die Probe.

Auch das Leben der kleinen jüdischen Gemeinde war von Gegensätzen geprägt. Täglich erlebtes Sinnbild dafür war die einst prächtige Synagoge, die in ruinösem Zustand jahrzehntelang einer ungewissen Zukunft entgegenging. Mit dem kulturellen Wandel nach 1968, der Berichterstattung über den Düsseldorfer Maidanek-Prozess ab 1975 und der Ausstrahlung der US-Fernsehserie „Holocaust" 1979 wurde die Auseinandersetzung mit der nationalsozialistischen Vergangenheit in Deutschland ein öffentliches Thema. Ausdruck für einen veränderten Blick auf Vergangenheit und Gegenwart war auch die Gründung jüdischer Museen, mit denen die zerstörte und verschwiegene jüdische Geschichte des Landes sichtbar werden sollte. In der restaurierten Augsburger Synagoge wurde 1985 das erste jüdische Museum der Bundesrepublik eröffnet. Treibende Kraft hinter Restaurierung und Museumsgründung war der langjährige Präsident der jüdischen Gemeinde Julius Spokojny. So verdankt sich die Wiederherstellung einer der schönsten Vorkriegssynagogen Deutschlands einem seiner Herkunft nach polnischen Juden. Durch sein Engagement sowie das einzelner Bürger und einiger Institutionen gewann die Gemeinde Freunde und Gesprächspartner außerhalb.

Die Exponate der Ausstellung kommen mehrheitlich aus Privatsammlungen und Archiven. Fast alle werden zum ersten Mal öffentlich gezeigt. Im Ensemble machen sie das Politische im Privaten sichtbar. Gemeint ist das als eine Einladung zum Gespräch: über das Gegenwärtige im Vergangenen und die Bedingungen von Zugehörigkeit.

Marc Wrasse

Introduction

The story told in this exhibition is that of a successful but unlikely integration: Holocaust survivors – foreign, destitute, marked by the torments of persecution and stranded in Augsburg after the war – established themselves in the city at the end of the 1960s. For decades they were surrounded by leaden silence. The survivors' children attended school alongside the children of the perpetrators and grew up as children of Augsburg – their parents' foreignness was not theirs, and yet this country, a homeland to the other children, could not be a natural homeland to them. The young people of those years all wanted to get away. And for a while it was unforeseeable that, after a few years in Israel, many would return to Germany.

The exhibition recalls the tensions and contradictions that defined Jewish life in Augsburg during this time. In retrospect, the twenty years before reunification appear to have been a leisurely period: prosperity and cultural diversity were permanently changing German postwar society. In reality those years were full of controversies. Willy Brandt, a former émigré, became chancellor; politics in divided Germany were dominated by the Cold War; and terrorism put the rule of law to the test.

The life of the small Jewish community in Augsburg was also shaped by stark contradictions. A readymade symbol for these contradictions could be found in the once magnificent synagogue, lingering for decades in ruinous condition, poised before an uncertain future. With the cultural shift of the 1970s the community's relation to its surroundings was altered by involvement and debate. This was possible because Germany began to engage with its National Socialist past. One expression of the gradually changing attitude towards past and present was the founding of Jewish museums – a way of rendering visible the country's crushed and silenced Jewish history. The first Jewish museum in Federal Republic of Germany opened its doors in Augsburg in 1985, with an exhibition that presented, not the historical development of the Jews of Swabia, but a wealth of ceremonial items old and new. Through the efforts of a few members, the community was gaining friends and dialogue partners from outside. Meanwhile relations within the community, just as within German society at large, were changing with the coming of age of a new generation. Alongside community life as organized by the board of directors, youth activities began to emerge. Out of the circle of dignitaries where a few functionaries handled politics in the name of all, there arose the diversity of a civil society. Its lifeblood was contradiction.

This exhibition tells stories – some that we understand immediately, and others that transmit, from behind the surface of things, a meaning more felt than spoken: as if these objects had a second, hidden essence, an essence by which they reveal something of the intentions of those who have acquired and protected them, and who now make them available to the museum on loan. It is to this second life that our eye for the past owes its importance for the present.

Marc Wrasse

Zum Geleit

Wie ein Vorhang des Schweigens hatte sich die Schockstarre der Shoa über die Nachkriegs-BRD gelegt. Erst mit den Auschwitzprozessen der frühen 1960er Jahre rückte das unermessliche Ausmaß der Traumatisierung ins öffentliche Bewusstsein, vor allem der jungen Generation. Die 68er-Studentenbewegung war zum einen geprägt vom Slogan der Hippiebewegung „make love not war" und stand somit für sexuelle Befreiung und gesellschaftliche Gleichberechtigung. Vor allem protestierten die 68er in Hörsälen und auf den Straßen gegen die herkömmliche Ordnung, gegen Notstandsgesetze und den Vietnamkrieg und konfrontierten ihre Eltern und Großeltern mit deren bis dahin weitgehend verschwiegener Nazivergangenheit. Das 1969 erschienene Buch „Die Unfähigkeit zu trauern" von Alexander und Margarete Mitscherlich stellte einen Meilenstein in dieser Auseinandersetzung dar.

Wie wirkte sich diese Aufbruchsstimmung der 1970er Jahre auf die jüdischen Kinder und Jugendlichen in der Bundesrepublik aus? Der Begriff „Zweite Generation" war noch nicht geprägt. Das Wissen um die transgenerationelle Weitergabe des Traumas an die nächste Generation zeichnete sich erst in den 1980er Jahren ab. Heute wissen Trauma-Forscher, dass Loyalität und Verantwortung für die ehemals verfolgten Eltern die Persönlichkeitsentwicklung der Kinder von Opfern stark prägt. Für die psychische Entwicklung auf dem Weg zu einer integrierten stabilen Persönlichkeit sind sowohl die frühkindliche Trotzphase im Alter von 3 bis 5 Jahren wie auch Auflehnung gegen die Autoritäten während der Pubertät und Adoleszenz unerlässlich. Wenn Eltern sehr gelitten haben, ist es schwer für Kinder und Jugendliche, sich zu widersetzen. Schuldgefühle, einhergehend mit der Vorstellung, man könnte die vom Leid gezeichneten Eltern erneut verletzen und quasi „ins Grab bringen", erschweren die Auseinandersetzung mit den in Kultur und Sprache meist fremd gebliebenen Überlebenden in Deutschland, die sich oft nur schwer in die Bedürfnisse ihrer Kinder, der Zweiten Generation einfühlen konnten.

Preface

The Shoah left behind a state of shocked paralysis, spreading itself over postwar West Germany like a curtain of silence. The unfathomable extent of the trauma entered the public consciousness, and especially that of the younger generation, only with the Auschwitz trials of the early 1960s. The German student movement of 1968 was influenced in part by the slogan of the hippie movement, "Make love, not war," and thus stood for sexual liberation and social equality. Above all the movement's supporters protested, in the lecture halls and in the streets, against the conventional order, the Emergency Acts and the Vietnam War. They also confronted their parents and grandparents about the Nazi past, which had been largely suppressed until then. Alexander and Margarete Mitscherlich's book "The Inability to Mourn," first published in 1969, was a milestone in this conflict.

What effect did this sense of a new era emerging in the 1970s have on Jewish children and adolescents in West Germany? The term "second generation" hadn't been coined yet. Awareness of the transgenerational trauma – of how the trauma had been passed on to the next generation – didn't arise until the 1980s. Today trauma researchers know that loyalty to and responsibility for parents who have suffered persecution plays a large role in the personality development of victims' children. An early stage of defiance, between the ages of three and five, and a rebellion against authority during puberty and adolescence both appear to be indispensable to a child's psychic development towards an integrated, stable personality. When parents have suffered greatly, it becomes difficult for children and young people to oppose them. For the children of the survivors in Germany, child-parent conflict was complicated by feelings of guilt connected with the idea that they, the children, might be adding to their parents' suffering, even driving them "into an early grave." The survivors in turn, having in many cases remained strangers to Germany in both culture and language, found it difficult to empathize with the needs of their children, the second generation.

Zum Geleit

Diese mussten sich ihren Weg im Spannungsfeld zwischen der zumeist ostjüdischen Tradition der Eltern und der westlichen Moderne erkämpfen. Dieser innere Spagat führte nicht selten zu schweren Krisen im individuellen und familiären Bereich, um letztlich die gezeichneten Eltern, auf Kosten der eigenen Individuierung zu schonen. Die Identitätssuche von jungen Juden im Deutschland der 1970er Jahre kreiste vor allem um die Fragen, ob die Koffer ausgepackt werden dürften, ob es eine Zukunft für die junge Juden im Land der Täter geben könne und ob die Partnerwahl, wie von vielen Eltern gefordert, auf den innerjüdischen Kreis begrenzt sein sollte.

Viele Jugendliche schlossen sich der Zionistischen Jugendbewegung an und rekrutierten hier ihren Freundeskreis. Nicht wenige wanderten zumindest zeitweise nach Israel aus, um dem ständig präsenten deutsch-jüdischen Konflikt und der Frage „wie sehr darf ich mich in Deutschland zu Hause fühlen" zu entkommen. In Israel wurden sie als deutschsprachige „Jeckes" wieder auf die Thematik zurückgeworfen und kehrten häufig zurück – um zum Teil bis heute mit der Frage bin ich „Deutscher Jude" oder „jüdischer Deutscher" beschäftigt zu sein, die mittlerweile schon die dritte und weitere Generationen erreicht hat.

Hella Goldfein

Preface

The children had to fight their way through the tension between their parents' generally Eastern European Jewish tradition and Western European modernity. Often this inner balancing act led to serious crises of both a personal and familial nature as children attempted to spare their careworn parents further suffering at the cost of their own individuation. The search for an identity among young Jews in Germany during the 1970s revolved mainly around the question of whether the suitcases could be unpacked – i.e., whether there could be a future for young Jews in the Land of the Perpetrators – and around the choice of a partner: whether that choice should be, as many parents demanded, limited to the Jewish inner circle.

Most young people joined the Zionist youth movement and recruited their circle of friends from there. Not a few emigrated, at least temporarily, to Israel, hoping to escape the ever-present German-Jewish conflict and the question "How at home am I allowed to feel in Germany?" But as German-speaking "yekkes" in Israel they found themselves facing the same issue again, and frequently they returned to Germany. There, today, many of them continue to engage with the question, "Am I a German Jew or a Jewish German?" – a question that in the meantime has reached a third and further generations.

Hella Goldfein

„*In der ersten Hälfte des zwanzigsten Jahrhunderts ein europäischer Jude gewesen zu sein, hieß das Urteil über seine eigenen Kinder sprechen; es hieß, ihnen einen Zustand aufnötigen, der beinahe jenseits des rationalen Begreifens lag. Und es kann wieder dahin kommen. Ich muss damit rechnen, es ist die entscheidende Klausel, solange die Erinnerung lebendig ist. Wir Juden leben vielleicht enger mit unseren Kindern zusammen als andere Menschen; sie können unserem Schatten nicht entrinnen, so sehr sie sich auch darum bemühen.*"

George Steiner, Sprache und Schweigen. Essays über Sprache, Literatur und das Unmenschliche, New York 1967, dt. Frankfurt 1969.

"*To have been a European Jew in the first half of the twentieth century was to pass sentence on one's own children, to force upon them a condition almost beyond rational understanding. And which may recur. I have to think that – it is the vital clause – so long as remembrance is real. Perhaps we Jews walk closer to our children than other men; try as they may, they cannot leap out of our shadow.*"

George Steiner, Language and Silence: Essays on Language, Literature, and the Inhuman (New York: Atheneum, 1967).

Zwischen Synagoge und Museum: die jüdische Gemeinde Augsburg, 1969–1990.

Between Synagogue and Museum: The Augsburg Jewish Community, 1969–1990.

DIE GEMEINDE: LEBEN MIT GEGENSÄTZEN
THE COMMUNITY: LIVING WITH CONTRADICTIONS

Entwicklungen

Gegensätzliche Tendenzen prägten die Entwicklung der Israelitischen Kultusgemeinde zwischen 1969 und 1990: Einerseits verringerte sich die Zahl der Mitglieder ab 1980 um mehr als ein Fünftel – es fehlte der Nachwuchs, so dass die Zukunft jüdischen Lebens in Augsburg insgesamt gefährdet war. Andererseits gewann die Gemeinde wirtschaftlich an Kraft und konnte sich finanziell sanieren.[2] Vierzig Jahre nach dem Ende des Zweiten Weltkriegs konnte der Kultraum der 1938 verwüsteten Synagoge wiederhergestellt werden. Die Integration der jungen Generation in die deutsche Gesellschaft gelang. Dennoch verließen die meisten von ihnen Augsburg, sobald ihre Schulzeit abgeschlossen war.

Developments

Contradictory tendencies shaped the development of the Israelitische Kultusgemeinde (IKG) between 1969 and 1990. On the one hand, the community's membership diminished by more than one-fifth after 1980: there were so few births that the whole future of Jewish life in Augsburg appeared to be endangered. On the other hand, the community gained in economic strength and was able to overhaul its finances.[2] The synagogue had been laid waste in 1938; now, 40 years after the end of World War II, the sanctuary was restored. The younger generation successfully integrated into German society. Nevertheless, most of them left Augsburg as soon as they finished secondary school.

Entwicklung der Kultusgemeinde[3] / Kultusgemeinde Membership Figures[3]	
1969	229 Mitglieder/Members
1975	239 Mitglieder/Members
1979	248 Mitglieder/Members
1985	244 Mitglieder/Members
1990	195 Mitglieder/Members

Between Synagogue and Museum: The Augsburg Jewish Community

Der Kultraum nach seiner Renovierung 1985.
The sanctuary after renovation, 1985. [# 1.1.1 b]

Nach dem Ende des Kriegs kam es nur zu einer notdürftigen Sicherung der Bausubstanz des Synagogengebäudes. Durch Wassereintritt an der Kuppel verschlechterte sich dessen Zustand seit Ende der 1960er Jahre erheblich.[1]
After the war, makeshift repairs were made to reinforce the fabric of the synagogue building. Starting in the late 1960s, the building's condition deteriorated rapidly due to a leak in the dome.[1] [# 1.1.1 a]

Der Brauch, beim Gebet einen Mantel umzulegen, verbindet Juden unterschiedlicher Herkunft. Gebetsmantel von Ilan Scheindling, um 1970.
Wearing a shawl during prayer is a custom shared by Jews of various backgrounds. Prayer shawl belonging to Ilan Scheindling, around 1970. [# 1.1.3]

Zwischen Synagoge und Museum: die jüdische Gemeinde Augsburg

Während der Feiertage oder einer Bar Mizwa kamen die verschiedenen Familien im Festsaal der Gemeinde zusammen wie hier um 1965.
During holidays or a bar mitzvah, the various families of the community came together in the reception hall, as here in 1965. [# 1.1.2 a]

Bar Mizwa von Jacky Schenavsky im Januar 1972: Vorne links Jacky Melcer vor Silvio Wyszengrad und Vivian Melcer, rechts Daniel Wyszengrad, Micki Melcer und Chaim Strzegowski (v. vorne n. hinten).
Bar mitzvah of Jacky Schenavsky in January 1972: front left, Jacky Melcer in front of Silvio Wyszengrad and Vivian Melcer; right, Daniel Wyszengrad, Micki Melcer and Chaim Strzegowski (from front to back). [# 1.1.2 b]

Between Synagogue and Museum: The Augsburg Jewish Community

Erfahrungen

Die Überlebenden der Shoa waren aus den Lagern oder später aus dem stalinistischen Osteuropa meist ohne jede Habe nach Augsburg gekommen.[4] Sie hatten die zerstörte Stadt mit wiederaufgebaut und Anteil am „Wirtschaftswunder" der Bundesrepublik. Ihr persönliches Leben war oft von Skepsis, Zurückgezogenheit und Schuldgefühlen geprägt. Ihre Augsburger Umgebung betrachtete sie als Fremde – fremd galten sie der deutschen Mehrheitsgesellschaft als Juden und fremd als zugewanderte Osteuropäer.[5] Viele hatten durch die Verfolgung bleibende körperliche und seelische Schäden. Während einige Gemeindemitglieder zu Wohlstand gekommen waren, blieben andere auf Unterstützung durch die Gemeinde und jüdische Wohlfahrtsverbände angewiesen. Im Unterschied dazu begann die nächste Generation, mit neuem Selbstbewusstsein aus dem Schatten der Erfahrungen ihrer Eltern zu treten.

Experiences

The Shoah survivors in Augsburg had come from the concentration camps – or, later, from Stalinist Eastern Europe – in most cases without possessions.[4] They had helped rebuild the devastated city and had taken part in the West German "Economic Miracle." Their personal lives were often overshadowed by skepticism, reclusiveness and feelings of guilt. They were seen as doubly foreign in their Augsburg surroundings – foreign as Jews amid a German majority, and again as Eastern European immigrants.[5] Many had suffered permanent bodily or psychological damage in the persecution. While some community members had since achieved prosperity, others remained dependent on the community and on Jewish charities. Meanwhile the members of the next generation were beginning to emerge from the shadow of their parents' experiences with new self-confidence.

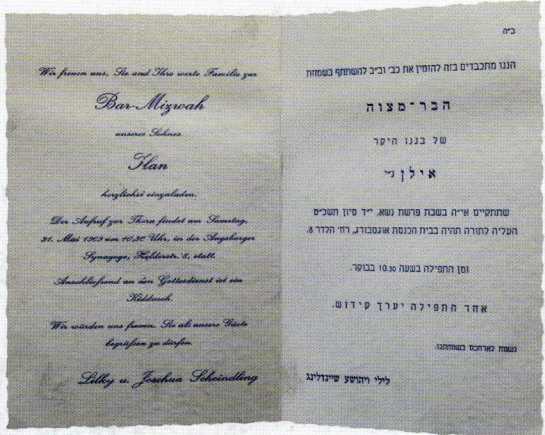

Einladungskarte zur Bar Mizwa von Ilan Scheindling, Mai 1969.
Invitation to the bar mitzvah of Ilan Scheindling, May 1969. [# 1.2.2]

Artikel aus den „Münchner Jüdischen Nachrichten" vom Dezember 1970.
Article from the Münchner Jüdische Nachrichten ("Munich Jewish News") of December 1970. [# 1.2.1]

BAR MIZWAH-FEIER VON SAMI MELCER

Am Schabbat, 29. Cheschwan (28. 11. 70), fand in der Augsburger Synagoge die Bar Mizwah von Sami Melcer, dritter Sohn von Ester und Hermann Melcer, statt.

Verwandte und Freunde der Familie Melcer, sowie die Gemeindemitglieder fanden sich in großer Zahl ein. Sami Melcer las die letzten zwei Abschnitte der Paraschat TOLDOT sowie die Haftara gekonnt vor. Auf diesen Festtag wurde er von seinem Großvater, Herrn Pivko, aufs beste vorbereitet. Im Namen der IKG Schwaben-Augsburg beglückwünschte der Vorsteher der Synagoge den Bar Mizwah-Jungen u. überreichte ihm traditionsgemäß einen 2bändigen SCHULCHAN ARUCH. Nach dem Gottesdienst wurde im Festsaal ein Kiddusch und ein Festessen gegeben. Herr Hermann Melcer, der Vater des Bar Mizwah begrüßte seine Gäste aufs herzlichste. Daraufhin hielt der Bar Mizwah eine kurze Ansprache, in der er seine Gedanken über die Bedeutung des Tages, die er für ihn hat, zum Ausdruck brachte. Sein Großvater, Herr Pivko, hielt dann eine mit Zitaten aus der Thora und der Mischna gewürzte Ansprache, die mit viel Beifall aufgenommen wurde. Die Glückwünsche der Gäste von auswärts überbrachte Herr Ciecierski aus Regensburg, ein Freund der Familie Melcer. Er empfahl den Anwesenden, den Bar Mizwah ins SEFER HABARMIZWOT des KKL einzutragen, was auch sofort geschah.

Die Bar Mizwah-Feier, die sich bei froher Stimmung, Gesang und bei ausgezeichneten Speisen und Getränken bis in den späten Nachmittag hinzog, war nicht nur ein Familienereignis, sondern ein Festtag für die gesamte jüdische Kultusgemeinde Schwaben-Augsburg.

Wir beglückwünschen unsere Freunde, die Familie Hermann Melcer, zur Bar Mizwah ihres Sohnes Sami auf das herzlichste und wünschen dem Bar Mizwah-Jungen eine erfolgreiche Zukunft!
Familie Alexander Moksel, Buchloe

Unseren Freunden, der Familie Hermann Melcer, zur Bar Mizwah ihres Sohnes Sami die herzlichsten Glückwünsche und dem Bar Mizwah-Jungen das Beste auf seinem weiteren Lebensweg!
Familie Benno Merin, Augsburg

Unseren Freunden, der Familie Hermann Melcer, zur Bar Mizwah ihres Sohnes Sami die allerinnigsten Glückwünsche und dem Bar Mizwah-Jungen das Beste für eine erfolgreiche Zukunft!
Familie Meir Fischel, Augsburg

Wir beglückwünschen unsere Freunde, die Familie Hermann Melcer (Augsburg), zur Bar Mizwah ihres Sohnes Sami auf das herzlichste und wünschen dem Bar Mizwah-Jungen viel Glück und Erfolg auf seinem weiteren Lebensweg!
Familie Albert Schenavsky, Augsburg

Sami Melcer wurde von seinem Großvater unterrichtet. Das entsprach zwar jüdischer Tradition, war für Deutschland nach 1945 aber ungewöhnlich, da viele Großeltern in der Shoa ermordet worden waren. Großvater Jakob Pivko kam aus der Schweiz.
Sami Melcer was taught by his grandfather. This was typical of the Jewish tradition but unusual for Germany after 1945 because many grandparents had been murdered in the Shoah. Melcer's grandfather, Jakob Pivko, came from Switzerland.

Zwischen Synagoge und Museum: die jüdische Gemeinde Augsburg

Soziale Unterschiede

Wie alle Nachkriegsgemeinden in Deutschland war auch die kleine jüdische Gemeinde in Augsburg von starken Unterschieden geprägt. Wenigen deutschstämmigen Juden stand eine Mehrheit von Mitgliedern osteuropäischer Herkunft gegenüber, deren religiöse Traditionen in Familie und Gottesdienst anders waren als im liberal geprägten deutschen Judentum.[6] Neben einigen erfolgreichen Geschäftsleuten und ihren Familien gab es zahlreiche Gemeindemitglieder, die permanenter Unterstützung bedurften und wiederholt um Zuschüsse für Miete, Anschaffungen, Fahrtkosten oder um medizinische Hilfe bitten mussten.[7] Zwar wohnte die Mehrheit in und um Augsburg, etwa ein Viertel der Mitglieder aber lebte weiter entfernt und kam nur zu den Feiertagen aus Memmingen, Kempten, Neu-Ulm oder anderen Städten in Schwaben.

Das repräsentative Ensemble aus ehemaliger Synagoge und Nebengebäuden war kostspielig im Unterhalt. Der große Kultraum war verwüstet und die IKG Schwaben-Augsburg finanziell zu schwach, um dauerhaft einen Rabbiner oder Kantor anstellen zu können. Diese wurden jeweils zu den Feiertagen engagiert und im Gästezimmer der Gemeinde oder im Hotel untergebracht.[8] Jüdisches Leben fand vor allem zuhause statt. Unterschiedliche Mentalitäten, verschiedene Erfahrungen bei Emigration und Verfolgung sowie die Traumata der Lagerzeit machten das Zusammenleben nicht einfach.

Social Differences

Like all Jewish communities in postwar Germany, the small community in Augsburg was characterized by stark contrasts. It contained only a few German Jews, while most members were Jews of Eastern European origin whose religious traditions differed from those of German Liberal Judaism both in the family and at prayer services.[6] Alongside a few successful businessmen and their families were many community members who required permanent support – subsidies to pay rent, make purchases, cover transportation costs or obtain medical care.[7] Although most of the community lived in or around Augsburg, about one-fourth lived farther away – in Memmingen, Kempten, Neu-Ulm and other Swabian cities – and came only on holidays.

The impressive ensemble of the former synagogue and its annexes was costly to maintain. The main sanctuary was ruined, and the IKG Swabia-Augsburg was too weak financially to hire a permanent rabbi or cantor. Instead, clerics were hired for one holiday at a time and given temporary lodging in the community's guest room or a hotel.[8] Jewish life took place primarily at home. Differing mentalities, distinct experiences of emigration and persecution, and the traumas many members bore from the concentration camps all combined to make community life difficult.

Todesanzeige von Hermann Melcer vom 27. März 1985.
Hermann Melcer's death notice, March 27, 1985. [# 1.3.1]

Obwohl Augsburg zwei bedeutende jüdische Friedhöfe besitzt, ließen sich Hermann Melcer, IKG-Vorstand von 1972 bis 1974, und Julius Spokojny, Vorstand von 1974 bis 1996, in Israel beisetzen. Bis heute ist vielen Überlebenden der Shoa unvorstellbar, in Deutschland ihre letzte Ruhe zu finden.
Although Augsburg is home to two important Jewish cemeteries, Hermann Melcer, community chair from 1972 to 1974, and Julius Spokojny, chair from 1974 to 1996, arranged to be buried in Israel. Even today many survivors of the Shoah cannot imagine being laid to rest in Germany.

Between Synagogue and Museum: The Augsburg Jewish Community

Unterschiedliche Herkunft, verschiedene Erfahrungen

Different Origins, Dissimilar Experiences

Die drei Brüder Melcer, aus Polen stammende Überlebende der Konzentrationslager, führten seit 1954 ein expandierendes Möbelgeschäft, das Mitte der 1970er Jahre zahlreiche Filialen v.a. in Süddeutschland hatte. Hier Jossek, Hermann und Israel Melcer (v. li.) 1962 mit ihren Ehefrauen. Esther und Vera Melcer (Mitte u. re.) stammten aus der Schweiz.
The three Melcer brothers, concentration camp survivors from Poland, had owned an expanding furniture business since 1954. By the mid-1970s their company comprised numerous stores, mainly in Southern Germany. Here Jossek, Hermann and Israel Melcer (from l.) with their wives in 1962. Esther and Vera Melcer (mid. and r.) were from Switzerland. [# 1.4.1 a]

Salo Neuburger (re.) gehörte zu den wenigen Gemeindemitgliedern deutschjüdischer Herkunft. Seine Familie überlebte den Krieg in Augsburg, die letzten drei Monate im Frühjahr 1945 im Versteck.9 Da Neuburger 1931 eine katholische Frau geheiratet hatte, war er von den Deportationen zurückgestellt. Seine Mutter starb in Theresienstadt, sein Vater wurde in Auschwitz ermordet.
Salo Neuburger (r.) was one of the few community members of German-Jewish background. His family survived the war in Augsburg, spending the last three months – early 1945 – in a hiding place.9 Neuburger's deportation was deferred because he'd been married to a Catholic since 1931. His mother died in Theresienstadt; his father was murdered in Auschwitz. [# 1.4.1 b]

In der Lebensgeschichte eine Zäsur, im Familienalbum nebeneinander: der „Judenstern", den Salo Neuburger ab September 1941 in Augsburg tragen musste, neben seinem bundesdeutschen Reisepass.
In life all but irreconcilable, in the family scrapbook side by side: the "Jewish star" Salo Neuburger was forced to wear in Augsburg as of September 1941 and his West German passport. [# 1.4.2]

Zwischen Synagoge und Museum: die jüdische Gemeinde Augsburg

Erfolg und Bedürftigkeit
Success and Destitution

Eine Urlaubsreise ins Ausland und Kleidung im Stil der Zeit spiegeln den wirtschaftlichen Erfolg als Teil der westdeutschen Nachkriegsgesellschaft: Jossek und Ryta Melcer Anfang der 1960er Jahre auf der Akropolis in Athen.
Travel abroad and clothing in the style of the times were a sign of economic success in postwar West German society: Jossek and Ryta Melcer in the early 1960s on the Acropolis of Athens. [# 1.5.1 a]

(22) Szmul Smulewicz, 89 Augsburg, Halderstr. 8

An die
Isreal. Kultusgemeinde
Schwaben-Augsburg

89 A u g s b u r g   30.4.1973
   Halderstr. 6

An die Vorstandschaft!

Meine Herren,

Wie Euch bekannt ist, war ich über 10 Wochen im Krankenhaus und meine schwere Lage im Krankenhaus und mein schweres Mitmachen ist jedem von Euch persönlich bekannt. Wie Ihr wisst, befinde ich mich in einer sehr kritischen Lage - ich mache schon 3 Jahre gar nichts - und ich lebe mit meiner Frau von meiner kleinen Rente und Eurer kleinen Unterstützung, dies reicht nicht zum Leben. Darum komme ich zu Euch mit der Bitte, so wie ich hab bekommen für 4.000,-- DM Rechnungen vom Professor und Ärzte und ich hab keine Möglichkeit das zu bezahlen.
Ich bitte Sie mir hier zu helfen und mich von dieser Not zu befreien. Ich hoffe, daß Ihr meiner Bitte nachkommen werdet, weil Ihr wisst, in welcher Lage ich mich heute befinde und ich stehe trotzdem weiterhin in Behandlung bei Prof. Frosch.
Ich danke Euch im voraus.

                    Mit freundlichen Grüßen

Szmul Szmulewicz gehörte zu den Überlebenden der Konzentrationslager, deren gesundheitliche Spätschäden die deutschen Krankenkassen nicht als „verfolgungsbedingt" anerkannten. Die IKG unterstützte jahrelang ihre vielen älteren Mitglieder finanziell, was nur durch die stillschweigende Wohltätigkeit der geschäftlich erfolgreichen Familien gelang.
Szmul Szmulewicz was among the survivors of the concentration camps whose late-onset health damages were not recognized by the German healthcare system as "resulting from persecution." For years, the IKG provided financial support to its many older members. This wouldn't have been possible without the discreet generosity of those families who had been successful in business. [# 1.5.2]

Ein großer Mäzen

Alexander Moksel, geboren im polnischen Płock, floh während der deutschen Besatzung aus einem Zwangsarbeiterlager bei Tschenstochau und lebte ein Jahr unter Partisanen. Nach dem Krieg gründete er einen Schlachtbetrieb in Buchloe, den er zu einem internationalen Fleischwaren-Konzern mit mehreren Milliarden DM Jahresumsatz entwickelte. Seine Mildtätigkeit innerhalb und außerhalb der Gemeinde war legendär. Moksel war von 1970 bis 1985 im Vorstand der IKG Schwaben-Augsburg, wandte sich nach Unstimmigkeiten mit dem Präsidenten aber der Gemeinde in München zu und stiftete einen erheblichen Betrag für den Neubau der Synagoge am St.-Jakobs-Platz. Der Kindergarten der Jüdischen Gemeinde München trägt seinen Namen.

Alexander Moksel, um 1975.
Alexander Moksel, around 1975.
[# 1.5.1 b]

A Great Patron

Alexander Moksel, born in Płock, Poland, fled under the German occupation from a forced labor camp near Częstochowa and spent a year living among the partisans. After the war he started a slaughterhouse business in Buchloe, and it grew into an international meat products corporation with a yearly turnover of several billion marks. His beneficence, both inside and outside the community, was legendary. Moksel sat on the board of directors of the IKG Swabia-Augsburg from 1970 to 1985. Following disagreements with the Augsburg community president, he turned to the Jewish community in Munich and eventually donated a significant sum to help build the new synagogue on St.-Jakobs-Platz. The kindergarten of the Munich Jewish community bears his name.

Ein erfolgreicher Augsburger Unternehmer: Hermann Melcer, um 1982.
A successful Augsburg entrepreneur: Hermann Melcer, around 1982. [# 1.5.1 c]

Stuhl aus der Produktion von Möbel Melcer, um 1980.
Chair produced by Melcer Furniture, around 1980. [# 1.5.4]

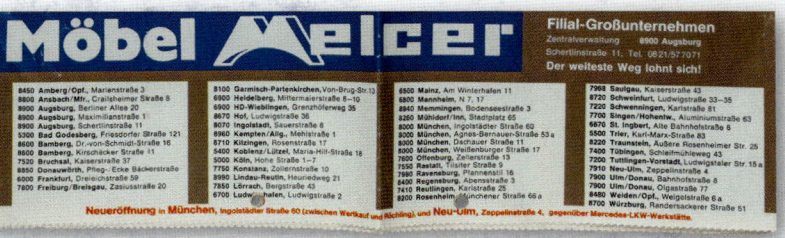

Ausschnitt aus einer Werbebroschüre von Möbel Melcer aus den 1970er Jahren mit Hinweis auf die zahlreichen Filialen des Unternehmens.
Clipping from a Melcer Furniture advertising brochure from the 1970s, with a notice of the company's numerous branch stores. [# 1.5.3]

Die Gemeindejugend versammelte sich, seit es einen Clubraum gab, regelmäßig in der Synagoge, 1975 im Garten.
After the clubroom was set up, the community youth gathered regularly at the synagogue: 1975 in the garden. [# 1.6.1 b]

Gemeindemitglieder und Besucher von auswärts kamen nur wenige Male im Jahr in der Synagoge zusammen, wie hier die Eltern von Ryta Melcer aus München, Chana und Aron Cukiermann (li.), neben Szmul Szmulewicz. Vorwiegend fand das jüdische Leben innerhalb der Familien statt.
Community members came together with visitors in the synagogue – as here Szmul Szmulewicz with the parents of Ryta Melcer, Chana und Aron Cukiermann (l.), from Munich – only a few times a year. Jewish life took place primarily within the family. [# 1.6.1 a]

Integration und Gefährdung

Nach 1980 überalterte die Gemeinde zusehends, da die jungen Mitglieder wegzogen oder sich vom Gemeindeverband lösten. Das private Leben der Kinder und Jugendlichen, die in Schule und Nachbarschaft integriert aufwuchsen, unterschied sich von der allgemeinen Situation jüdischen Lebens in Deutschland, das isoliert stattfand und immer wieder bedroht war. In München wurde 1970 ein Brandanschlag auf das Altersheim der jüdischen Gemeinde verübt. Sieben Bewohner, Überlebende der nationalsozialistischen Verfolgung, kamen ums Leben.

Der wirtschaftliche Erfolg der Nachkriegszeit konnte über die prekäre Situation der Gemeinde in Augsburg nicht hinwegtäuschen. Angst, Isolation, die traumatischen Erfahrungen der Kriegsjahre und das Desinteresse der deutschen Gesellschaft an den Verbrechen der NS-Zeit führten zu einer starken Identifikation mit dem Staat Israel. 1967 machte der Sechs-Tage-Krieg die bleibende existentielle Bedrohung des noch jungen Staats sichtbar. Der Vorstand beschloss, das gesamte Barvermögen der Gemeinde nach Israel zu spenden, obwohl eine große Zahl der Gemeindemitglieder bedürftig war und wiederholt um Unterstützung bat.[10]

Integration and Peril

The membership grew increasingly elderly after 1980 as younger members moved away or otherwise broke with the community. The private lives of Jewish children and young people growing up integrated in their schools and neighborhoods had little in common with the general situation of Jewish life in Germany, which took place largely in isolation and was repeatedly under threat. In 1970 the Jewish community retirement home in Munich was the target of an arson attack. The fire claimed the lives of seven residents, all survivors of the National Socialist persecution.

The economic success of the postwar years could not belie the precariousness of the Augsburg community's situation. Fear, isolation, the traumatic experiences of the war years and German society's disinterest in the crimes of the Nazi period all reinforced the community's identification with the State of Israel. In 1967 the Six-Day War made clear that the young Jewish state still faced an existential threat. The board of directors in Augsburg resolved to donate the community's entire cash assets to Israel, even though many community members were destitute and frequently requested support.[10]

Bleibende Bedrohung

An Ongoing Threat

Drohungen und Beschimpfungen, oft auch am Telefon, kamen mehrfach vor. Hier eine der wenigen Notizen dazu, die sich in den Unterlagen der Gemeinde erhalten haben.
The community was often subjected to threats and insults, in many cases over the telephone. Here one of the few memos of such an incident to have survived in the community's files. [# 1.7.1]

Während offener Antisemitismus gegenüber Einzelpersonen Ende der 1960er Jahre abnahm, musste die jüdische Gemeinde als Institution immer wieder Polizeischutz beantragen.
While open acts of antisemitism against individuals became less common at the end of the 1960s, the Jewish community as an institution repeatedly had to request police protection. [# 1.7.2]

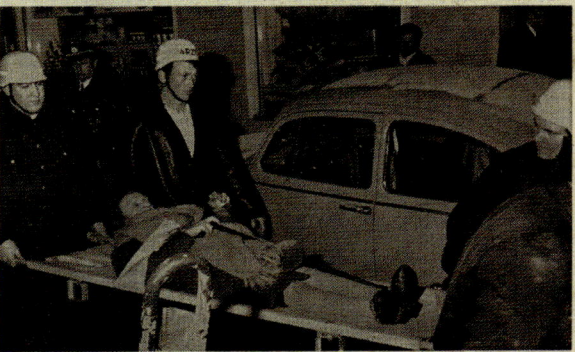

Am Freitagabend, den 13. Februar 1970, kamen bei einem Brandanschlag auf das Jüdische Altersheim in München sieben Bewohner ums Leben. Die Täter wurden nie ermittelt. Artikel aus der „Augsburger Allgemeinen" vom 16. Februar 1970.
On the evening of Friday, February 13, 1970, seven residents of the Jewish retirement home in Munich died in an arson attack. The culprits were never found. Article from the "Augsburger Allgemeine" newspaper of February 16, 1970. [# 1.7.3]

ISRAELITISCHE KULTUSGEMEINDE SCHWABEN-AUGSBURG

Protokoll

zur Vorstandssitzung vom 27.2.1969 nachmittag 17.30 Uhr
im Konferenzzimmer der IKG Augsburg, Halderstr. 6-8

TAGESORDNUNG: ist beigeheftet

ANWESEND WAREN: Julius Spokojny, 1. Präsident
Ludwig Ruppin, 2. Präsident
Max Koritschoner, Schatzmeister
Salo Neuburger, Vorstandsmitglied
Henrek Rübenfeld, Vorstandsmitglied
Protokoll: W. Herb

Herr Bezen fehlte entschuldigt.

-.-.-.-.-.-.-.-.-.-.-.-.-.-.-

Zu Punkt 1. (Jugendarbeit CJD) waren die Jugendlichen Dow Kleczewski und Simon Schenafski sowie Herr Pedro Landsberg geladen zu einer Aussprache mit dem Vorstand. Die gesamte Jugendarbeit und alle damit verbundenen Probleme und Fragen gelangten zur Debatte.

In diesem Zusammenhang wurden folgende Beschlüsse gefasst:

Aufgrund des Todesfalles von Ministerpräsident Levi Eschkol wird die beabsichtigte PURIM FEIER 30 Tage zurückgestellt bis nach Schloschim. Für eine Zusammenkunft mit den Eltern der Jugendlichen steht der mittlere Clubraum zur Verfügung.

Ferner wurde beschlossen mtl. für die div. Jugendl. Ausgaben DM 100.-- auszubezahlen bis zu einem Mindestbetrag von DM 40.--.

Bezüglich der auszuzahlenden einmaligen DM 300.-- wird der Jugendleiter noch Bescheid erhalten.

Für das Madrichim Seminar der CJD wird auf Antrag von Simon Schenavsky jedem Teilnehmer DM 100.-- als Unkostenbeitrag ausbezahlt. Die Auszahlung erfolgt nach Teilnahme.

Die Jugendlichen erhalten durch die Geschäftsstelle einen Schrank zur Aufbewahrung ihrer Akten, Bücher und sonstigen Utensilien.

Ferner wurde angeregt, die Jugendlichen von Zeit zu Zeit während einer Vorstandssitzung einzuladen und deren Belange zu hören.

Im Anschluß an die Aussprache mit den Jugendlichen die fast 2 Stunden in Anspruch nahm, schloß sich eine Trauersitzung.

Präsident Spokojny würdigte in einer Ansprache das Leben und Werk Levi Eschkols. Die Anwesenden erhoben sich zum Zeichen der Trauer von Ihren Plätzen und gedachten des Verstorbenen.

-2-

Die übrigen Tagesordnungspunkte wurde aus Anlass des Todes von Levi Eschkol vertagt auf Donnerstag, den 6.3.1969, nachmittags 17.00 Uhr.

Alle Mitglieder der Gemeinde wurden am selben Abend noch mit einem Schreiben zum Gedächtnisgottesdienst für Levi Eschkol am Samstag, den 1.3.1969 Vormittags 10.30 Uhr in der Kleinen Synagoge in Augsburg eingeladen. Den auswärtigen Gästen werden die Fahrspesen sowie 1 Mittagsessen erstattet.

Die Sitzung schloß um 20.00 Uhr.

Mit der Abfassung einverstanden:

Julius Spokojny 1. Präsident

Unterschrift beglaubigt:

w. Herb, Sekretärin

Das Protokoll zur Sitzung des Gemeindevorstands vom 27. Februar 1969 zeigt einerseits die Bedeutung Israels und seiner politischen Repräsentanten für die Gemeinden in Deutschland, andererseits den Beginn einer systematischen Jugendarbeit durch engagierte Vertreter der jungen Generation. The minutes from the board of directors meeting on February 27, 1969 reflect the importance of Israel and its political representatives for the communities in Germany. They also reflect the beginning of organized youth activities thanks to the efforts of devoted members of the younger generation. [# 1.7.4]

DER LEHRER
THE TEACHER

Bis zur Zerstörung der jüdischen Existenz nach 1933 hatte Deutschland eine jahrhundertealte Tradition bedeutender Rabbiner. In der Nachkriegszeit dominierten die Vorstände in den Gemeinden und ihre Arbeit für den Fortbestand und die grundlegenden Verwaltungsaufgaben.[11] Für Jahrzehnte gab es keine Rabbinerausbildung in Deutschland mehr. Es waren daher die Lehrer, die in den Gemeinden die jüdische Tradition weitergaben.

Before Jewish existence was destroyed in the years following 1933, Germany had a centuries-old tradition of producing important rabbis. In the postwar era, communities were dominated by their boards of directors, who worked to ensure the communities' survival and handle fundamental administrative tasks.[11] For decades there was no rabbi training in Germany. Thus it was the teachers who passed on the Jewish tradition in the communities.

Der langjährige Augsburger Lehrer Heinrich Josua Scheindling mit einem Schüler beim Tora-Lesen, um 1990.
Teacher Heinrich Josua Scheindling, reading from the Torah with a student, around 1990. [# 2.0.1]

Zwischen Synagoge und Museum: die jüdische Gemeinde Augsburg

Heinrich Josua Scheindling wirkte in Augsburg über mehr als zwei Jahrzehnte als Lehrer. Nach dem Abitur in Nürnberg war er 1934 nach Israel emigriert und dort Lehrer geworden.

Heinrich Josua Scheindling was a teacher in Augsburg for more than two decades. He first became a teacher in Israel, where he emigrated after receiving his Abitur in Nuremberg in 1934.

Heinrich Josua Scheindling 1933 als Abiturient in Nürnberg, stehend, vorne rechts.
Heinrich Josua Scheindling in 1933, during his last year of school in Nuremberg: standing, front right. [# 2.0.2 a]

Heinrich Josua Scheindling, Dritter stehend von links, als Mitglied einer zionistischen Jugendgruppe in Deutschland zu Beginn der 1930er Jahre.
Heinrich Josua Scheindling, third from left, standing, as a member of a Zionist youth group in Germany at the beginning of the 1930s. [# 2.0.2 b]

Between Synagogue and Museum: The Augsburg Jewish Community

Unter den Absolventen des orthodoxen Lehrerseminars „Beit Midrasch Misrachi" in Jerusalem: Heinrich Josua Scheindling in der untersten Reihe (3. v. li.).
Graduates of the Orthodox teaching seminar "Beit Midrash Mizrachi" in Jerusalem: in the bottom row, third from left, Heinrich Josua Scheindling. [# 2.0.3]

Heinrich Josua Scheindling als Lehrer in Israel, um 1950.
Heinrich Josua Scheindling while a teacher in Israel, around 1950. [# 2.0.2 c]

Brücke zwischen den Generationen

Durch die Vermittlung von Julius Spokojny kam Heinrich Josua Scheindling 1961 mit seiner Frau und seinen zwei Söhnen nach Augsburg, wo er bis Mitte der 1980er Jahre unterrichtete. Als Gemeinde- und Wanderlehrer führte ihn seine Tätigkeit auch in kleinere süddeutsche Gemeinden, die keine Synagogen mehr hatten, aber ihren Jugendlichen eine religiöse Erziehung vermitteln wollten.[12]

A Bridge between the Generations

Heinrich Josua Scheindling, his wife and two sons came to Augsburg in 1961 through the efforts of Julius Spokojny. There Scheindling taught until the mid-1980s. Besides being the community teacher in Augsburg, he was also an itinerant teacher to smaller communities in Southern Germany, which still wished to give their children a religious upbringing despite no longer having synagogues.[12]

Heinrich Josua Scheindling mit seiner Frau Lilly und seinen beiden Söhnen Ilan (li.) und Gideon (re.) vor dem Miniaturmodell des Augsburger Rathauses in einem Freizeitpark, um 1966.
Heinrich Josua Scheindling with his wife, Lilly, and two sons, Ilan (l.) and Gideon (r.), in front of a miniature model of Augsburg City Hall on display in an amusement park, around 1966. [# 2.1.1 a]

Der Judenhenker
*"Auch das Volk der Dichter und Denker
fand seinen Millionenhenker,
der in seinem Rassenwahn
klagte alle Juden an.
Nicht als Deutscher geboren
ward er zum ‚Führer' erkoren;
mich ergreifen Herzenswehen,
denn wie konnte das nur geschehen?
Wo waren seine Denker,
als ihr Führerhenker,
wo waren all, die schwiegen,
Juden vergaste in Rassenkriegen?"*

Lohn der Lehrer
*"Nur wenige sind Verehrer
der vielen vielen Lehrer
die ihr Leben oft verkürzen
sich in der Schule ins Unheil stürzen
die so viel mit ins Leben
ihren lieben Kindern geben."*

Meine Schwester Klara
*"Meine Schwester Klara –
Die SS nannte sie Sara –
Ging mit 18 – welch ein Jammer
In Auschwitz's Gaskammer.
Meine Schwester Klara
Könnte leben in Manara
Konnte sich vor der SS retten,
Sich befrei'n aus deren Ketten.
Meine Schwester Klara,
Sie wies ab Kibuz Manara,
Wollt' die Eltern nicht verlassen,
Im KZ mußte sie verblassen."*

100 Reime · Heinrich Scheindling

Gedichte von Heinrich Josua Scheindling, die seine Erfahrungen aphoristisch wiedergeben; dazu einige Beispiele.
Rhymes by Heinrich Josua Scheindling, in which he portrays his experiences in an aphoristic style; here a few examples. [# 2.1.2]

Heinrich Josua Scheindlings Schwester Klara wurde im Konzentrationslager ermordet. Ihrem Andenken widmete er seine Gedichte.
Heinrich Josua Scheindling's sister Klara was murdered in a concentration camp. He dedicated his poems to her memory. [# 2.1.1 b]

Zwischen Synagoge und Museum: die jüdische Gemeinde Augsburg

Zeugnis zum Religionsunterricht von Lehrer Scheindling für Ruth Melcer, Juli 1969.
Ruth Melcer's report card from religion classes taught by Scheindling, July 1969. [# 2.1.3]

Die Anzahl der Jugendlichen in der Gemeinde ging im Lauf der Jahre dramatisch zurück. Wie Lehrer Scheindling dem Gemeindevorstand 1973 berichtete, erhielten damals 27 Jugendliche Religionsunterricht. 1981 waren es nur noch zehn.[13]

The number of youths in the community shrunk dramatically over the years. In 1973 Scheindling reported to the board of directors that 27 young people were enrolled in religion classes; by 1981 that number had fallen to a mere 10.[13] [# 2.1.4]

Mit starker Hand und ausgestrecktem Arm

„Knechte waren wir einst des Pharao in Ägypten, doch der Ewige, unser Gott, führte uns von dort heraus mit starker Hand und ausgestrecktem Arm": Die Pessach-Haggada erzählt die Geschichte des Auszugs aus Ägypten und der Befreiung aus der Sklaverei durch die Hilfe Gottes. Wie die aufgeschlagene Illustration zeigt, wird dieses Geschehen nicht allein historisch verstanden: Der starke Arm Gottes zerschlägt hier auch ein Haus mit NS-Fahnen. Während des Pessach-Fests aktualisiert sich die Erfahrung der Befreiung für jede Generation von neuem. Die abgebildete Haggada wurde in der Familie Scheindling gelesen.

With a Strong Hand and an Outstretched Arm

"We were slaves to Pharaoh in Egypt, but God, our Lord, brought us out from there with a strong hand and an outstretched arm." The Passover Haggadah tells the story of the Exodus: how with God's help the Israelites were freed from slavery in Egypt. As the illustration shows, these events are not understood to be exclusively historical: here the strong arm of God crushes a house hung with Nazi flags. Through the celebration of Passover, the experience of liberation is extended to each new generation. The Haggadah pictured here was read in the Scheindling family.

Haggada von Ilan Scheindling.
Haggadah belonging to Ilan Scheindling. [# 2.2.1]

Zwischen Synagoge und Museum: die jüdische Gemeinde Augsburg

Von Generation zu Generation

Die Weitergabe der Tradition ist wesentlich für den Fortbestand von Gemeinschaften. Im Judentum ist die Bindung an das mosaische Gesetz, das schon zu biblischen Zeiten niedergeschrieben und vorgelesen wurde, Kern der Überlieferung. Der Anspruch des Gesetzes und die furchtbaren Erlebnisse der jüdischen Gemeinschaft mit Hass und Verfolgung machen die Liebe zur Tradition zu einer ambivalenten Erfahrung.[14] Ilan Scheindling, der jüngere Sohn von Heinrich Josua und Lilly Scheindling, studierte nach dem Abitur Musik und Malerei in München.

From Generation to Generation

Communities must pass on their traditions in order to survive. The core of the Jewish tradition is devotion to the Law of Moses, which was written down and read aloud already in biblical times. Due to the demands of the Law and the Jewish people's terrible experiences of hatred and persecution, love of tradition in Judaism is often accompanied by ambivalence.[14] Ilan Scheindling, the younger son of Heinrich Josua and Lilly Scheindling, studied music and painting in Munich after his Abitur.

Ilan Scheindling, Ohne Titel, 2007.
Ilan Scheindling, Untitled, 2007. [# 2.3.1]

Between Synagogue and Museum: The Augsburg Jewish Community

DIE GEMEINDE: EINE NEUE GENERATION
THE COMMUNITY: A NEW GENERATION

Jacky Schenavsky (re.) mit einem Freund auf einem Vorbereitungsseminar der ZJD 1975 in Augsburg.
Jacky Schenavsky (r.) with a friend at a prep seminar hosted by the ZJD in Augsburg, 1975.
[# 3.1.1 a]

Jung und jüdisch

Die meisten Jugendlichen, die in den 1970er und 1980er Jahren in Augsburg erwachsen wurden, haben heute gute Erinnerungen daran. Ihr Leben war weitgehend sorglos – die Schatten der unmittelbaren Nachkriegszeit wurden kürzer. Es gab nun jüngere, engagierte Lehrer und für die Jugendlichen ein Leben neben Schule und Elternhaus, das sie mit Freunden oder im Sportverein verbrachten.

Was blieb, war die Last der Familiengeschichte: die Angst und Vorsicht der Eltern, ihre fürchterlichen Erinnerungen, die schweigsame Trauer um die Toten.[15] Jüdische Kinder in Deutschland wuchsen meist ohne Großeltern, Onkel und Tanten auf, die durch den nationalsozialistischen Massenmord umgekommen waren. Gesprochen wurde darüber wenig – zuhause nicht und nicht in der Öffentlichkeit.[16]

Between Synagogue and Museum: The Augsburg Jewish Community

Ruth Melcer im Alter von 15 Jahren mit ihren Eltern.
Ruth Melcer at age 15 with her parents. [# 3.1.1 b]

Young and Jewish

Most of the young people who were growing up in Augsburg during the 1970s and 1980s today have good memories of those years. Their lives were largely carefree: the shadows of the immediate postwar era were growing shorter. The young people now had not only youthful, devoted teachers, but also a life outside school and the parental home – a social life spent with friends or at the athletic club.

But the weight of their family history remained: their parents were fearful and overcautious, beset by terrible memories and silent grief for the dead.[15] Jewish children in Germany generally grew up without grandparents, uncles or aunts because these family members had been killed in the National Socialist genocide. Yet for the most part it wasn't spoken of – not at home, not in public.[16]

Micki Melcer als Jugendlicher, 1980.
Micki Melcer as a young man, 1980. [# 3.1.1 c]

31

Zwischen Synagoge und Museum: die jüdische Gemeinde Augsburg

Und als Erwachsener?

Eine unausgesprochene Selbstverständlichkeit vor dem Hintergrund der vielen ermordeten Juden war das Anliegen, einen jüdischen Partner zu finden. In den überschaubaren Augsburger Verhältnissen, wo sich alle seit der Zeit im Kindergarten der Gemeinde kannten, schien das nahezu unmöglich. Als Ausweg blieb der Umzug nach München, in eine andere Großstadt oder die Auswanderung nach Israel, die Alijah.

In den 20 Jahren nach 1969 konnte man zuversichtlicher werden, dass ein individuelles Leben in Deutschland als Jude oder Jüdin möglich sei.[17] Die Zukunft der Gemeinden hingegen war durch Überalterung, Auswanderung und die fehlenden Kantoren und Rabbiner zunehmend gefährdet. Wer auch außerhalb seines privaten Umfelds jüdisch leben wollte, ohne religiös zu sein, entschied sich dafür, als Zionist nach Israel zu gehen.

And as an Adult?

There was a tacit understanding that, after the murder of so many Jews, one should find a Jewish partner. But within the limited scope of Augsburg, where everyone had known each other since attending community kindergarten together, that seemed impossible. The solution was moving to Munich or another big city, or the Aliyah: emigration to Israel.

During the two decades following 1969, one could grow increasingly confident about the possibility of living an individual life as a Jew in Germany.[17] The communities, in contrast, were progressively endangered – by aging, emigration and a shortage of rabbis and cantors. Anyone wishing to live as a Jew beyond his or her private social sphere, but without necessarily being religious, chose to leave for Israel as a Zionist.

Jacky Melcer nach seiner Alijah 1979 im Kibbuz Maagan.
Jacky Melcer in the Ma'agan kibbutz in 1979, after his Aliyah.
[# 3.2.1 a]

Between Synagogue and Museum: The Augsburg Jewish Community

»Alles – nur kein deutscher Mann«

In der Illustrierten „Stern" erschien 1977 ein ausführlicher Artikel, der junge jüdische Frauen in Deutschland nach ihren Zukunftsvorstellungen befragte.
In 1977 the news magazine Stern published a long article on young Jewish women in Germany and their plans for the future. [# 3.2.2]

Ruth Melcer vor dem Abitur bei einem Ferienaufenthalt 1975 im Kibbuz Ramat Rachel.
Ruth Melcer in 1975, before her Abitur, visiting the kibbutz Ramat Rachel on vacation. [# 3.2.1 b]

Perspektiven

Die Zionistische Jugend in Deutschland (ZJD) wurde 1959 gegründet und entwickelte sich zum wichtigsten Forum für die Begegnung mit anderen jüdischen Jugendlichen. Bei der ZJD konnte man offen sprechen und zusammen das erforschen, worüber man zuhause nur Bruchstücke und im Schulunterricht lange gar nichts erfuhr: die Verfolgung und Zerstörung jüdischen Lebens durch die NS-Diktatur. Auf den Veranstaltungen der ZJD konnte man jung sein, Pläne schmieden und systematisch die Geschichte und den Aufbau des Staats Israel studieren. Die jährlichen Wanderlager während der Pfingstferien, die Sommercamps und Studienreisen waren eine ideale Möglichkeit, unbeschwert und ohne die Beobachtung der Eltern andere jüdische Jugendliche kennenzulernen.

Perspectives

The Zionist Youth in Germany (ZJD) was founded in 1959 and became the country's most important forum of interaction between young Jews. One could talk openly at the ZJD, examining with others a topic about which one learned only fragments at home and – for a long time – nothing at school: the persecution and destruction of Jewish life by the Nazi dictatorship. At ZJD events one could be young, make plans and study systematically the history and makeup of the State of Israel. Yearly hiking trips during Pentecost break, summer camps and study trips presented ideal opportunities to get to know other Jewish youths without constant parental supervision.

Auch eine Perspektive: Silvio Wyszengrad konnte sich diese Kamera nach einem vierwöchigen Ferienjob bei Möbel Melcer kaufen. Mit ihr begann er nach der Schulzeit seine professionelle Karriere als Fotograf.
Also a prospect: Silvio Wyszengrad was able to buy this camera for himself following a four-week summer job at Melcer Furniture. After finishing school, he used the camera to start his career as a professional photographer. [# 3.3.1]

Between Synagogue and Museum: The Augsburg Jewish Community

Sonnig, attraktiv und verlockend: Das Programm und die Gestaltung des Flyers von 1976 machen die Perspektiven eines Engagements in der Zionistischen Jugend deutlich.
Sunny, attractive and alluring: the program of events, and the design of this flyer from 1976, made clear the prospects in store for those who participated in the Zionist Youth. [# 3.3.2]

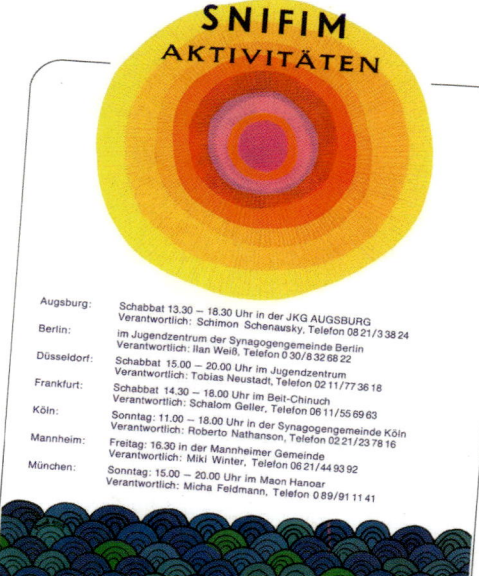

הנוער הציוני

ZJD

בגרמניה

ZIONISTISCHE JUGEND IN DEUTSCHLAND e. V.

(Ichud Habonim - צ.י.ד. איחוד הבונים)

Bundesleitung: Zeev Hirschfeld, 6 Frankfurt/M. · Falkensteiner Str. 1 · Telefon 55 69 63 - 55 29 68

den 23. April 1974

W A N D E R L A G E R   1 9 7 4

An alle Chawerim, s h a l o m !

Mit Freude können wir Euch mitteilen, daß wir während der Pfingst= ferien unsere traditionelle Wanderung im Raume Schwarzwald ver = anstalten. Ausgangspunkt ist die Stadt Freudenstadt. Von dort geht es über ein landschaftlich einmaliges Gebiet bis zur Jugend= herberge Hornberg. Dort verbringen wir den zweiten Abend. Am nächs= ten Tag wandern wir in der Umgebung von Hornberg. Am darauffolgen= den Tag setzen wir unsere Wanderung bis nach Kehl fort. Am letz= ten Tag kann zwischen einer Besichtigung der französischen Stadt Strassbourg oder dem Schwimmen in einem Schwimmbad gewählt werden.

Die ganze von uns durchwanderte Gegend ist landschaftlich einma= lig schön und kann eher einem ausgedehnten Spaziergang als dem Verursachen von Strapazen gleichgestellt werden. (ca. 1o - 18 km pro Tag) Abmarsch in Freudenstadt am Freitag den 31.Mai ds.Js. in den Nachmittagsstunden, Endziel in Kehl / Strassburg am Diens= tag den 4.Juni um die Mittagszeit.

Das Essen ist kosher. Einzelheiten über die Anfahrtszeiten aus den jeweiligen Städten werden Euch in dem nächsten Rundschreiben mitgeteilt.

Teilnahmebedingungen: Alter ab 12. Lebensjahr, festes Schuhwerk, gute Laune u n d schönes Wetter!

Selbstkostenbeitrag: 95.- DM (einschl. Reisekosten)

Anmeldefrist: Mittwoch den ~~15.~~ 19.Mai 1974

Bis dahin Schalom we lehitraoth

RAFI

Alex

Bankverbindung: Bank für Gemeinwirtschaft Frankfurt/Main, Konto 100 5077 3

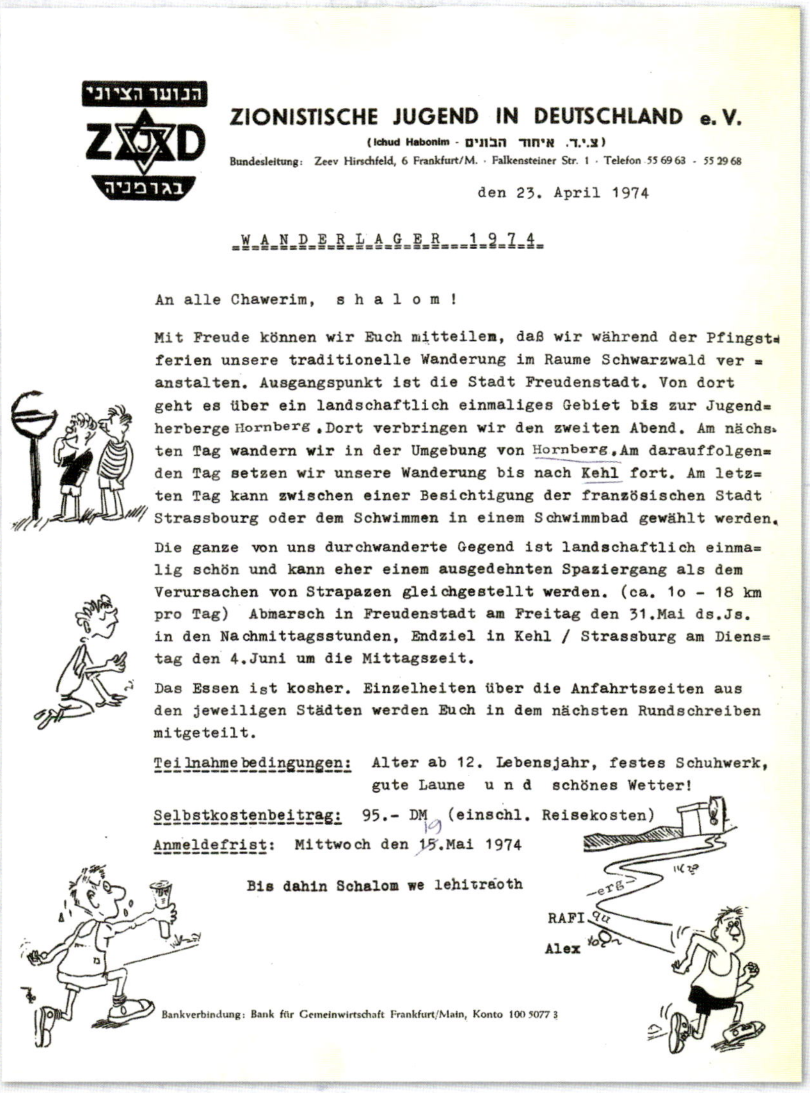

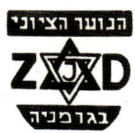

Die jährlichen Wanderlager der ZJD waren wegen ihrer Fröhlichkeit und Ausgelassenheit sehr beliebt.
The yearly ZJD hiking camps were popular for their cheerful, high-spirited atmosphere. [# 3.3.3]

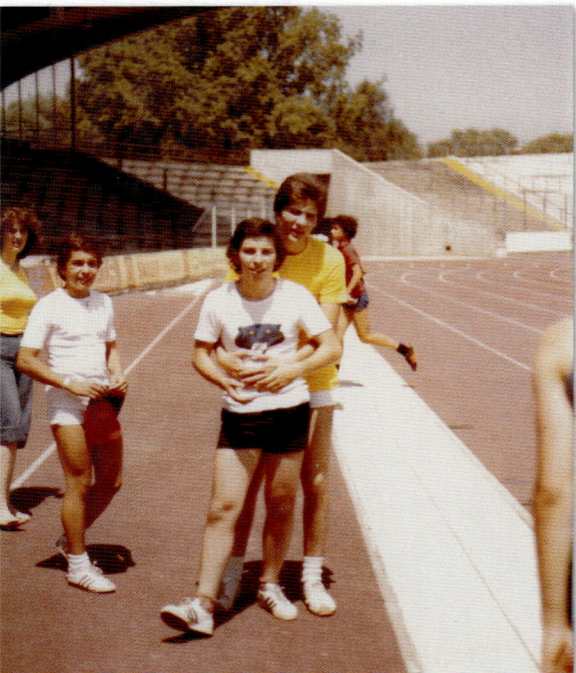

Makkabi-Sporttag im Augsburger Rosenau-Stadion 1976. Vorne Jacky Schenavsky mit Silvio Wyszengrad, links Micki Melcer.
Maccabi sports day in Augsburg's Rosenau Stadium 1976. In front, Jacky Schenavsky with Silvio Wyszengrad; left, Micki Melcer. [# 3.3.4 b]

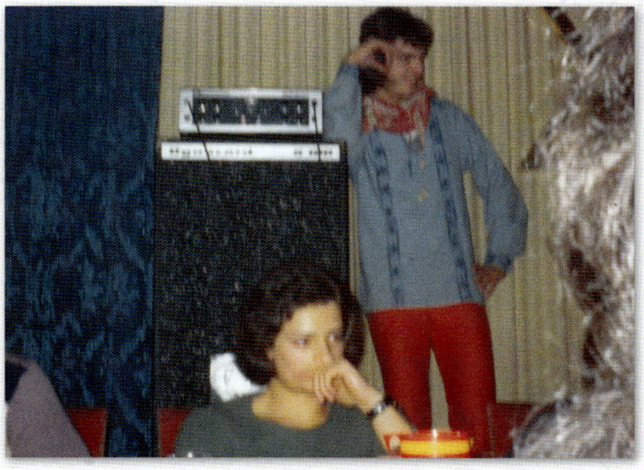

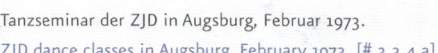

Tanzseminar der ZJD in Augsburg, Februar 1973.
ZJD dance classes in Augsburg, February 1973. [# 3.3.4 a]

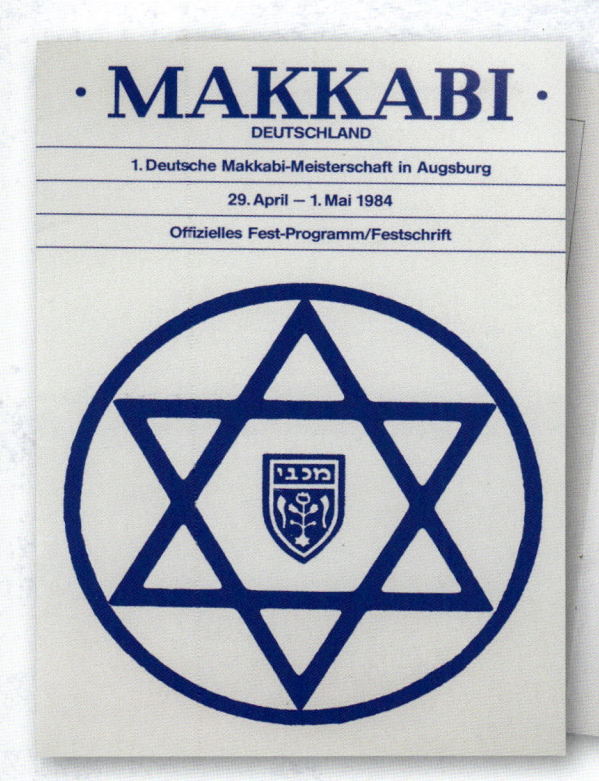

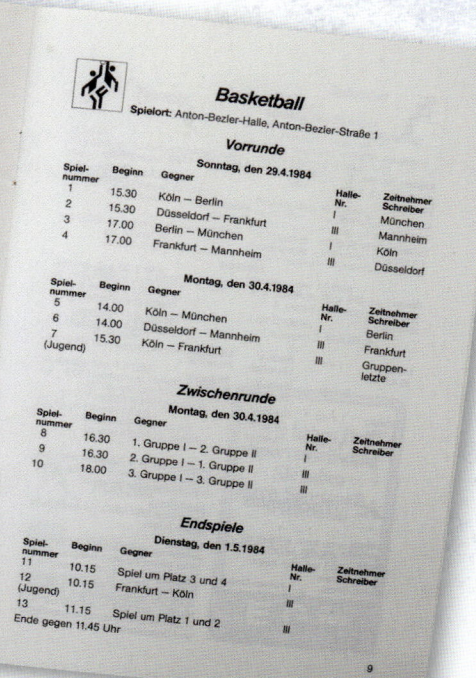

Between Synagogue and Museum: The Augsburg Jewish Community

Programmheft der Makkabi-Meisterschaften in Augsburg 1984.
Program of the Maccabi Championships in Augsburg, 1984. [# 3.3.5]

Zu den „Ersten Deutschen Makkabi-Meisterschaften" nach dem Zweiten Weltkrieg kamen 1984 rund 300 Jugendliche aus ganz Deutschland nach Augsburg. Sie wurden von der Gemeinde verköstigt und untergebracht. In der IKG gab es zu diesem Zeitpunkt nur wenige Jugendliche, so dass die Augsburger keine eigene Mannschaft aufstellen konnten.
Around 300 youths from all over Germany came to Augsburg in 1984 to participate in the "First German Maccabi Championships" since World War II. The participants were housed and fed by the community. There were very few young people in the IKG at the time, and Augsburg was unable to field a team.

Der berühmte Roman „Altneuland" von Theodor Herzl aus dem Jahr 1902 inspirierte auch Jahrzehnte nach seiner Entstehung junge Juden zur Einwanderung nach Israel. Ruth Melcer bekam dieses modern illustrierte Exemplar als Teenager von ihrer Großmutter geschenkt.
Decades after its first publication in 1902, Theodor Herzl's famous novel "The Old New Land" continued to inspire young Jews to emigrate to Israel. This modern, illustrated edition was a gift to the teenaged Ruth Melcer from her grandmother. [# 3.3.6]

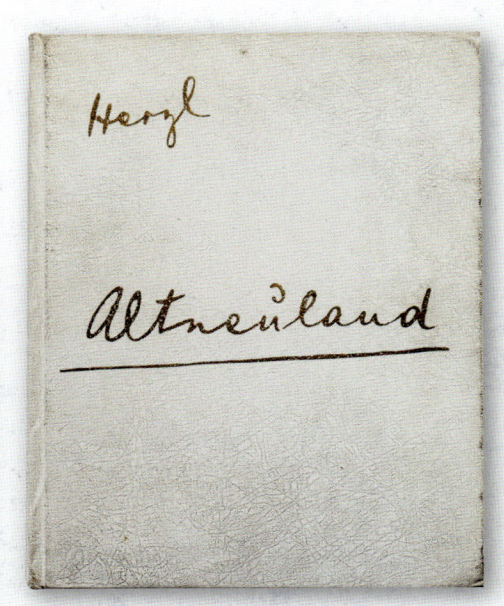

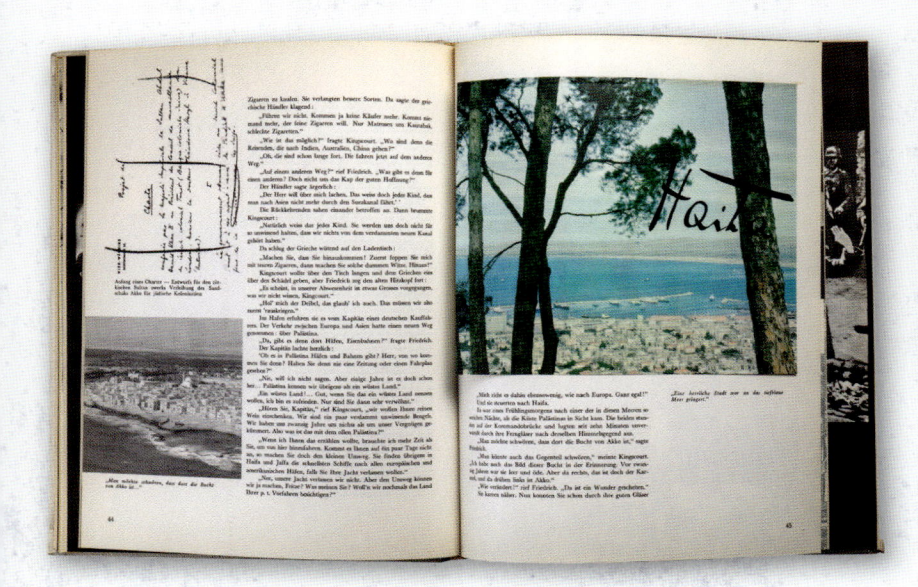

Zwischen Synagoge und Museum: die jüdische Gemeinde Augsburg

DIE WIEDERHERSTELLUNG DER SYNAGOGE
THE RESTORATION OF THE SYNAGOGUE

Ausgefegt, aber nicht repariert: Der Kultraum der Augsburger Synagoge vor der Renovierung.
Swept clean, but not repaired: the sanctuary of the Augsburg Synagogue before renovation. [# 4.1.1 a]

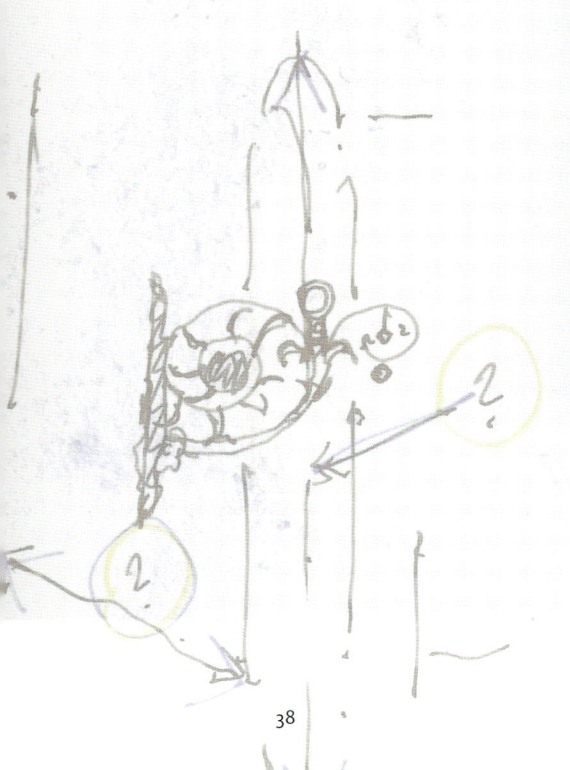

Die Synagoge vor 1938 mit der Orgel auf der Ostempore, die auf die liberale Tradition der Vorkriegsgemeinde verweist.
The synagogue pre-1938, with the organ on the east gallery – an indication of the community's Liberal tradition. [# 4.1.1 b]

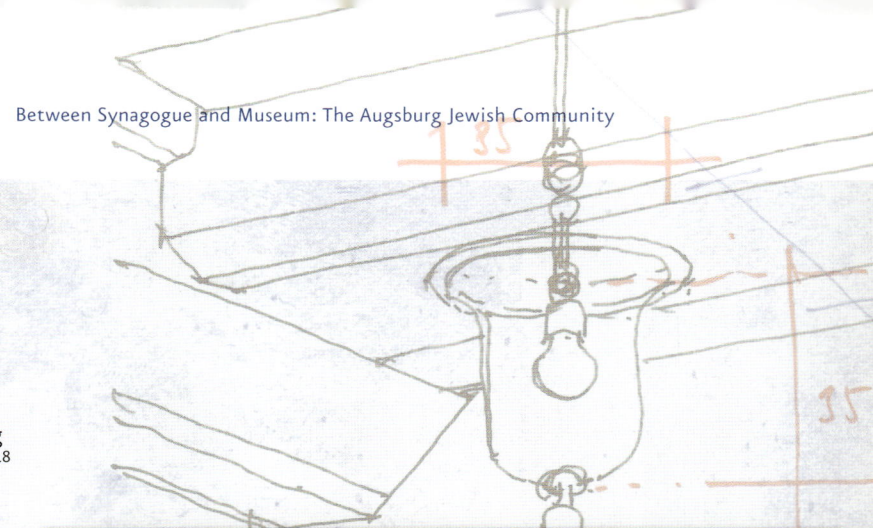

Verkaufen oder erhalten?

Lange Zeit war unklar, ob die IKG das Anwesen in der Halderstraße dauerhaft würde unterhalten können. Anfang der 1970er Jahre gab es Pläne, die Synagoge zu verkaufen.[18] Die Stadt hatte schon in den 1950er Jahren ihre Umwandlung in einen Konzertsaal und nach 1970 ihren Umbau zu einer ökumenischen Fakultät der Universität Augsburg erwogen.[19] Mit dem Verkauf hätte sich die überschuldete Gemeinde schlagartig saniert. Zudem war offensichtlich, dass Renovierung und Sanierung die finanziellen Möglichkeiten der IKG bei weitem überstiegen. Bereits 1962 hatte ein Gutachten den Aufwand für eine vollständige Wiederherstellung auf über drei Millionen DM berechnet.[20] Allein die Unterhaltskosten des Gebäudes brachten die Gemeinde jährlich in Bedrängnis.

Sell or Preserve?

For a long time it was unclear whether the community would be able to retain its property on Halderstraße. At the beginning of the 1970s there were plans to sell the synagogue.[18] Already during the 1950s the city had considered converting it into a concert hall; now, in the 70s, the plan was to use it as an interfaith theology department for the University of Augsburg.[19] By selling, the heavily indebted community would have restored its finances at a stroke. Moreover, it was clear that restoring and renovating the building was well beyond the IKG's financial possibilities. In 1962 the costs for a full restoration had been estimated at more than three million marks.[20] Meanwhile the community was having difficulty just paying the maintenance costs from year to year.

Über den Verkauf des Gebäudes wurde in der Gemeinde ernsthaft diskutiert. Die jüdische Gemeinde in Essen hatte 1959 ihre Synagoge verkauft und eine kleinere neu gebaut. Die Stadt Essen errichtete in der alten Synagoge ein Museum für Industriekultur.

The community seriously discussed selling the building. The Jewish community in Essen had sold its synagogue in 1959 and built a smaller one. In the old synagogue of Essen the city had installed a museum of industrial culture.

Artikel aus der „Augsburger Allgemeinen" vom 15. März 1972.
Article from the "Augsburger Allgemeine" newspaper of March 15, 1972. [# 4.1.2]

Die Renovierung der Synagoge

1963 wurde Julius Spokojny zum ersten Vorsitzenden der IKG gewählt. Bereits bei seinem Antrittsbesuch im Rathaus sprach er gegenüber dem damaligen Oberbürgermeister Dr. Klaus Müller den Wunsch aus, „die Augsburger Tempelhalle und Synagoge wieder in gute Form zu bringen".[21] Mit jahrelanger Beharrlichkeit und großem Geschick gelang es Spokojny, nach seiner Wiederwahl 1974 zunächst den Erhalt des Gebäudes durch das Land- und Universitätsbauamt, heute Staatliches Bauamt Augsburg, und die Denkmalschutzbehörde zu sichern.[22] Mittels einer Finanzierung durch Stadt, Bezirk, Freistaat und Gemeinde wurden zwischen 1975 und 1983 Kuppel, Dach und Außenbau instand gesetzt.[23] Im Zuge der städtischen Planungen für die 2000-Jahr-Feier Augsburgs konnte Spokojny zudem erreichen, dass der 1938 verwüstete Innenraum zwischen 1983 und 1985 detailgetreu wiederhergestellt wurde – damit, wie er immer wieder appellierte, „dieser Schandfleck der Kristallnacht in unserer Stadt beseitigt wird".[24]

The Renovation of the Synagogue

Elected in 1963, Julius Spokojny became the first chairman of the IKG. Already during his inaugural visit to city hall, he spoke with then mayor Dr. Klaus Müller about his wish "to get the Augsburg temple hall and synagogue into good shape again."[21] Following his reelection in 1974, and after years of persistence and finesse, Spokojny was able to ensure the conservation of the building through the state and university building office, today the State Building Office of Augsburg, and through the monument protection authority.[22] The dome, roof and building exterior were repaired between 1975 and 1983 with financing from the city, the District of Swabia, the Free State of Bavaria and the community itself.[23] Spokojny was further able to arrange for the building's interior to be repaired, between 1983 and 1985, as part of preparations for Augsburg's bimillennial celebration. The interior had been laid waste in 1938; it was now reconstructed in detail – so that, as Spokojny repeatedly called for, "this stain of Kristallnacht [would] be removed from our city."[24]

Die treibende Kraft: Julius Spokojny.
The driving force: Julius Spokojny.
[# 4.2.1 a]

Das Innere der Großen Synagoge während der Restaurierung, 1984.
The interior of the Great Synagogue under restoration, 1984. [# 4.2.1 b]

Between Synagogue and Museum: The Augsburg Jewish Community

Im Foyer der Synagoge befindet sich ein Brunnen, dessen Säule die Figur des biblischen Helden David schmückt. Das Wasser eines solchen Synagogen-Brunnens dient traditionell zur rituellen Handwaschung vor dem Gottesdienst. Die schöne Gestaltung des Foyers und der Brunnen mit dem jugendlichen, fast nackten David machen deutlich, dass sich das Verständnis von Religion und der Umgang mit dem biblischen Bilderverbot im deutschen Judentum zu Beginn des 20. Jahrhunderts stark gewandelt hatte. Beim Pogrom am 10. November 1938 wurde auch im Foyer randaliert. Nach dem Krieg war die alte David-Figur verschwunden.

The foyer of the synagogue contains a fountain with a column adorned by a sculpture of the biblical hero David. The water from a synagogue fountain is traditionally used for ritual hand washing before prayer services. The attractive overall design of the foyer and the fountain with the youthful, almost nude David show that German Judaism's understanding of religion and its approach to biblical aniconism underwent significant change at the beginning of the twentieth century. In the course of the pogrom on November 10, 1938, the foyer was wrecked. By the end of the war the original David sculpture had disappeared. [# 4.2.1 c]

Auch die Fragmente stammen von der ursprünglichen Säule des Brunnens.
These are fragments of the original fountain column.
[# 4.2.3]

Die alte Brunnensäule trug ursprünglich die 1916 geschaffene Figur des David. Die Art der Beschädigung zeigt, dass diese nicht durch Verwitterung oder Materialveränderung hervorgerufen wurde, sondern gewaltsam geschah. Vermutlich während des Novemberpogroms 1938 oder in den Jahren danach wurde der David abgeschlagen. 1963 beauftragte die IKG Heinrich Pittroff (1898–1983), das Ensemble nach alten Vorlagen neu zu schaffen.[25] Pittroff hatte nach der Ausbildung zum Hafner Ende der 1920er Jahre an der Münchner Kunstakademie studiert und in Augsburg bedeutende Arbeiten in Ton und Terrakotta geschaffen. Er ersetzte die alte Säule und bewahrte sie in seiner Werkstatt.

The original fountain column once held the David sculpture created in 1916. The nature of the damages indicates they were not caused by weathering or decay, but by force. The David was likely knocked off the column during the November pogrom of 1938 or in the years thereafter. In 1963 the IKG commissioned Heinrich Pittroff (1898–1983) to recreate the ensemble from original models.[25] After initially training as a potter, Pittroff studied at the Munich Academy of the Fine Arts in the late 1920s and later created important works in clay and terracotta in Augsburg. After installing the new column he conserved the old one in his workshop. [# 4.2.2]

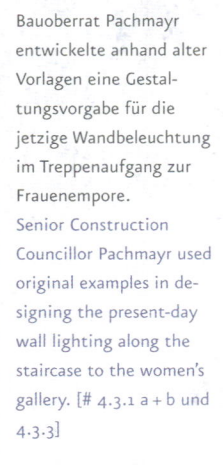

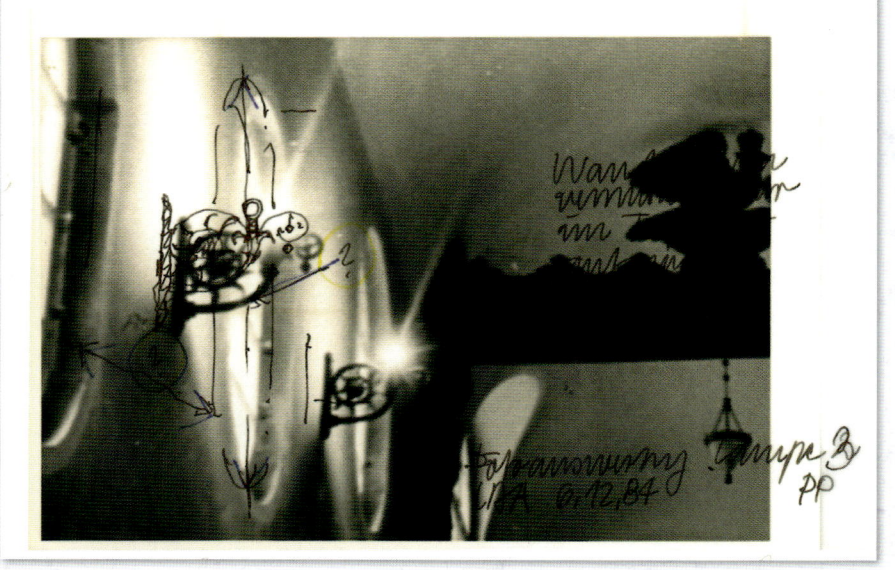

Bauoberrat Pachmayr entwickelte anhand alter Vorlagen eine Gestaltungsvorgabe für die jetzige Wandbeleuchtung im Treppenaufgang zur Frauenempore.
Senior Construction Councillor Pachmayr used original examples in designing the present-day wall lighting along the staircase to the women's gallery. [# 4.3.1 a + b und 4.3.3]

Viel Arbeit – die Arbeit vieler

Den meisten Aufwand bei der Renovierung verlangte die Wiederherstellung des Kultraums der Synagoge. Neben der kompletten Erneuerung des vordem als Stuccolustro ausgeführten Wandputzes mussten zahlreiche Ornamente aus Stuck neu gefasst und etwa die Hälfte aller Mosaiksteine ersetzt werden.[26] Das Betonmaßwerk der Fenster wurde saniert, fehlende Gläser mit Schwarzlotmalerei ergänzt und die buntverglasten Fenster unterhalb der Empore restauriert. Insgesamt waren rund 50 Handwerksbetriebe aus Augsburg und Umgebung mit der Sanierung beschäftigt. Planung und Bauleitung lagen beim Land- und Universitätsbauamt Augsburg, Recherche und Betreuung beim Landesamt für Denkmalpflege in München.[27]

Many Tasks – A Task for Many

The most elaborate stage of the renovation was reconstructing the sanctuary of the synagogue. The wall plaster, formerly finished with the stucco lustro technique, had to be redone completely.[26] Many stucco ornaments were remounted, around half of the mosaic stones replaced, the concrete tracery of the windows repaired, the missing panes of Schwarzlot (black-lead) glass substituted and the stained glass windows under the gallery restored. About 50 companies of craftsmen from the Augsburg area took part in the repairs. Construction planning and management were entrusted to the State and University Building Office of Augsburg, research and oversight to the State Office for Landmark Preservation in Munich.[27]

Broschüre, Florentiner Synagoge, 1983.
Brochure, Synagogue of Florence, 1983. [# 4.3.4]

Baudirektor Manfred Förster und Bauoberrat Peter Pachmayr reisten 1983 nach Florenz, um Anregungen für die Renovierung zu gewinnen. Die Florentiner Synagoge beherbergt seit 1981 auch ein Museum für jüdische Kunst und Kultur. Die Reisekosten teilten sich Landbauamt und IKG.²⁸

Construction Director Manfred Förster and Senior Construction Councillor Peter Pachmayr traveled to Florence in 1983 to gather ideas for the renovation. The Synagogue of Florence had been home to a museum for Jewish art and culture since 1981. The costs of Förster and Pachmayr's trip were divided between the IKG and the state building office.²⁸

Detaillierte Materialanalysen waren Grundlage der Restaurierung. Die Fotografie zeigt stark vergrößert die Verwitterung und Zerstörung der Mosaiksteine in den Gewölbetonnen.
The restoration was based on detailed material analyses. This high-magnification photograph shows the weathering and damages to the mosaic stones in the barrel vaults. [# 4.3.1 c]

Handwerker bei der Restaurierung des Glasmosaiks im Tonnengewölbe, 1984.
Craftsmen at work restoring the glass mosaic in the barrel vault, 1984. [# 4.3.2 a]

Zwischen Synagoge und Museum: die jüdische Gemeinde Augsburg

Die Säulen im Foyer wurden erst 1989/90 wieder mit Kacheln umkleidet. Michael Pittroff, dessen Vater 1963 die Figur auf dem Davidbrunnen neu gestaltet hatte, schuf sie nach alten Vorlagen.
The columns in the foyer were retiled only in 1989/90. Michael Pittroff, whose father had resculpted the David for the fountain in 1963, recreated the tiles from original examples. [# 4.3.5]

Das Foyer mit der alten Säule auf einem vor 1938 aufgenommenen Foto.
The foyer and one of the former columns in a photograph taken before 1938. [# 4.3.2 b]

DAS ENDE DES SCHWEIGENS
THE END OF THE SILENCE

Zwischen Scham und Empörung

Das Gedenken an die Verbrechen der Nationalsozialisten und die Mahnung, daraus Lehren zu ziehen, gab es in der Bundesrepublik Deutschland von Beginn an – aufrechterhalten vom Verband der Verfolgten des Naziregimes (VVN), den Gesellschaften für christlich-jüdische Zusammenarbeit und von einzelnen Gruppen der Gewerkschaftsbewegung. Da es im außenpolitischen Interesse Westdeutschlands lag, als demokratischer Staat in die Gemeinschaft der Völker zurückzukehren, beteiligten sich deutsche Politiker an Gedenkveranstaltungen. Das Bekenntnis zu den Verbrechen der NS-Diktatur wurde vom Ausland erwartet.[29]

Between Shame and Indignation

The call for remembrance of National Socialist crimes and the demand that lessons be learned were present from the beginning in the Federal Republic of Germany – kept alive by the Union of Persecutees of the Nazi Regime (VVN), the societies for Christian-Jewish cooperation and certain groups within the labor movement. German politicians took part in the commemoration events because it was in West Germany's foreign policy interests that they do so: the country sought to reenter the community of nations as a democratic state, and other countries demanded that Germany accept responsibility for the crimes of the Nazi dictatorship.[29]

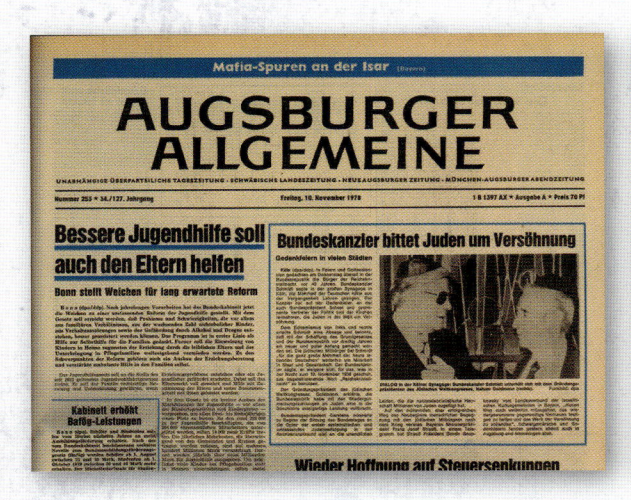

1978 und 1988: Die im Abstand von zehn Jahren erschienenen Berichte zum Gedenken am 9. November machen deutlich, dass die Hoffnung auf Versöhnung der Bereitschaft zur Auseinandersetzung mit der historischen Wirklichkeit vorausging.

1978 and 1988: Separated by ten years, these reports on commemoration events held for the 9th of November show clearly that hope of reconciliation (Versöhnung) preceded willingness to break the silence (Schweigen) about past crimes. [# 5.1.1 a + b]

Eine öffentliche Auseinandersetzung mit der eigenen Geschichte fand auf lokaler Ebene lange Zeit nicht statt. Im Gegenteil: Populistische Forderungen meist konservativer Politiker, endlich einen „Schluss-Strich" unter eine Vergangenheit zu ziehen, die noch gar nicht erforscht war, fanden rege Zustimmung. Über den damaligen deutschen Finanzminister und späteren Bayerischen Ministerpräsidenten Franz-Josef Strauß wurde 1969 berichtet, er habe über die Westdeutschen gesagt, „ein Volk, das diese wirtschaftlichen Leistungen vollbracht hat, hat ein Recht darauf, von Auschwitz nichts mehr hören zu wollen".[30]

For a long time at the local level, there was no public engagement with the history of the Nazi regime. On the contrary: when (primarily conservative) politicians gave voice to populist demands that Germany finally put the past behind it – the same past that had yet to be examined – their words were met with lively approval. In 1969 Franz-Josef Strauß, at the time German finance minister and later prime minister of Bavaria, was reported to have said in reference to the West Germans that "a people who have made such economic achievements have a right not to want to hear anything more about Auschwitz."[30]

Auf die Berichterstattung zur fiktiven Geschichte in der 1979 ausgestrahlten US-Fernsehserie „Holocaust" folgte die Auseinandersetzung mit der tatsächlichen Geschichte.

A report on the real history of the Holocaust was preceded by one on the U.S. television series "Holocaust," a fictional dramatization. [# 5.1.2 a + b]

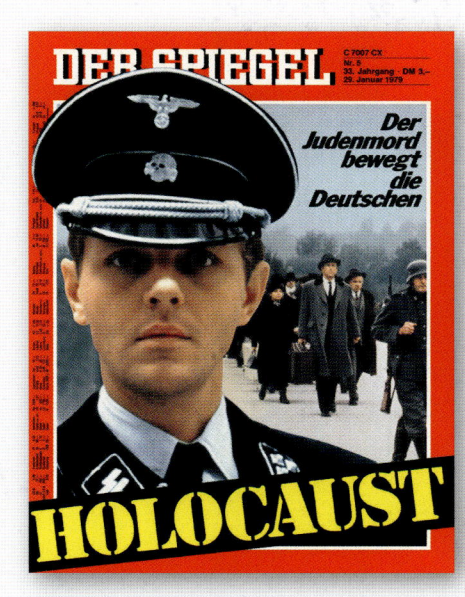

Between Synagogue and Museum: The Augsburg Jewish Community

Zehn Jahre später – nach der Entspannungspolitik Willy Brandts und den gesellschaftlichen Reformen der 1970er Jahre – hat vor allem die Ausstrahlung der US-Fernsehserie „Holocaust" im öffentlich-rechtlichen Fernsehen einiges verändert.[31] 1979 wurde vielen Deutschen die hemmungslose Brutalität der Verfolgung und Ermordung von Juden nach 1933 bewusst – nicht in der Schule, nicht bei einer öffentlichen Gedenkveranstaltung, sondern vom Wohnzimmersessel aus. Man begann nachzufragen – bei Eltern, Großeltern und, wo es möglich war, bei den seltenen jüdischen Klassenkameraden. Anfang der 1980er Jahre begann eine vielfältigere Auseinandersetzung mit den Verbrechen des Nationalsozialismus, die bis heute anhält. Für die jüdische Bevölkerung war dies eine wichtige Voraussetzung, um Vertrauen zur Demokratie in Deutschland zu entwickeln.

Ten years later – in the wake of Willy Brandt's policy of détente and the social reforms of the 1970s – it was above all the U.S. television series "Holocaust," rebroadcast on German public television, that led to change.[31] In 1979 many Germans became aware of just how unsparingly brutal the persecution and murder of the Jews after 1933 had been – and they found out not at school or a public commemoration event, but in their living rooms, on the couch. After that they started asking questions – of their parents and grandparents, and of Jewish classmates in the rare cases where that was possible. In the early 1980s Germans began to engage with the crimes of National Socialism, an engagement that took on more and more forms in subsequent years and continues today. Among the Jewish population, this engagement has allowed for the development of trust in German democracy.

1978 gedachten Augsburger Bürger der Novemberpogrome 1938 mit einem Schweigemarsch von der Synagoge zum Rathaus. Dort fand auf Initiative der jüdischen und christlichen Gemeinden ein Gedenkgottesdienst statt.
In 1978 Augsburg citizens commemorated the November pogroms with a silent march from the synagogue to city hall. There, at the initiative of the Jewish and Christian communities, a commemorative prayer service was held. [# 5.1.3]

Gedenken an den 9. November 1938

Unter den Verbrechen der Nationalsozialisten hat die Zerstörung jüdischer Gotteshäuser während der Novemberpogrome 1938 eine besondere Bedeutung.[32] Auch die Synagoge in Augsburg wurde verwüstet und angezündet. Zum Schutz der umliegenden Gebäude wurde der Brand aber von der Feuerwehr gelöscht.[33]

Es hat lange gedauert, bis sich die deutsche Gesellschaft an dieses Datum erinnern wollte. Am 30. Jahrestag 1968 gab es in Augsburg noch kein öffentliches Gedenken. 1978 und 1988 führten dann Schweigemärsche, die von den jüdischen, katholischen und evangelischen Gemeinden gemeinsam organisiert wurden, von der Synagoge in die Innenstadt.

Commemorating November 9, 1938

The destruction of Jewish houses of worship during the November pogroms has a special significance among the crimes of the National Socialist regime.[32] The Augsburg Synagogue was wrecked and set on fire. Firefighters put out the flames in order to protect the other buildings in the neighborhood.[33]

It was a long time before the German population wanted to remember that date. On the 30th anniversary, in 1968, there were still no public commemoration events in Augsburg. In 1978 and 1988, the Jewish, Catholic and Evangelical communities jointly organized silent marches from the synagogue to the center of the city.

Kantor Abraham Hochwald aus München sprach das jüdische Totengebet im Innenhof der Synagoge.
Cantor Abraham Hochwald of Munich recited the Jewish prayer of mourning in the synagogue courtyard.
[# 5.2.1 a]

Gedenken an den 40. Jahrestag der Novemberpogrome im Innenhof der Synagoge. Im Publikum stehen neben Repräsentanten von Stadt und Bezirk auch Landtags- und Bundestagsabgeordnete.
Remembrance gathering in the synagogue courtyard on the 40th anniversary of the November pogroms. Among the attendees are city and district representatives as well as members of the state assembly and the federal parliament. [# 5.2.1 b]

Between Synagogue and Museum: The Augsburg Jewish Community

Bei der Gedenkfeier zum 50. Jahrestag der Novemberpogrome versammelten sich zahlreiche Repräsentanten aus Kirche und Politik in der renovierten Synagoge. Vorne von links nach rechts: Der evangelische Dekan Johannes Merz, Bischof Josef Stimpfle, IKG-Präsident Julius Spokojny, Rabbiner Walter Jacob. Nach dem Mittelgang der Augsburger Oberbürgermeister Hans Breuer, daneben der Bezirkstagspräsident Dr. Georg Simnacher mit Ehefrau und der Bayerische Kultusminister Hans Maier.

At the commemorative service for the 50th anniversary of the November pogroms, many representatives of the church and politics came together in the renovated synagogue. In front, from left to right: Dean Johannes Merz of the Evangelical Church, Bishop Josef Stimpfle, IKG President Julius Spokojny, Rabbi Walter Jacob. Beyond the isle, Augsburg Mayor Hans Breuer, Swabian District Assembly President Dr. Georg Simnacher and his wife, and Bavarian Minister of Education Hans Maier. [# 5.2.1 c]

Nach der Gedenkfeier zum 50. Jahrestag der Pogrome führte ein Schweigemarsch von der Synagoge zum Rathausplatz, wo mit Musik und Ansprachen der Verbrechen im November 1938 gedacht wurde.[34] After the commemorative service for the 50th anniversary of the pogroms, a silent march passed from the synagogue to city hall square, where the crimes of November 1938 were remembered with music and speeches.[34] [# 5.2.1 d]

Zwischen Synagoge und Museum: die jüdische Gemeinde Augsburg

Der Augsburger Bischof Dr. Josef Stimpfle

Eine Augsburger Besonderheit ist das vergleichsweise frühe und ungewöhnliche Engagement des katholischen Bischofs Josef Stimpfle. Seit 1963 verband ihn eine zunehmend freundschaftliche Beziehung mit dem Präsidenten der IKG Julius Spokojny. 1978 schrieb Bischof Stimpfle an den Augsburger Oberbürgermeister Hans Breuer und bat ihn, einen Raum im Rathaus für einen Gedenkgottesdienst zum 40. Jahrestag der Novemberpogrome von 1938 bereitzustellen.[35] Die Briefe und Grußworte des Bischofs an die IKG bekunden einen seinerzeit seltenen Respekt vor der theologischen Tradition des Judentums. Bischof Stimpfle handelte im Bewusstsein historischer Verantwortung: Während der NS-Zeit hatten die christlichen Kirchen auch in Augsburg die Zerstörung der jüdischen Gemeinde widerspruchslos hingenommen. Nach dem Verbot jüdischer Gottesdienste war 1940 die Augsburger Synagogen-Orgel unter Wert an die katholische Gemeinde in Wessling verkauft worden.[36]

Bischof Stimpfle sprach bei der Wiedereinweihung der Großen Synagoge 1985 ein Grußwort von der Kanzel oberhalb des Almemors.
Bishop Stimpfle, speaking from the pulpit above the almemar, greeted the congregation at the rededication of the Great Synagogue in 1985. [# 5.3.1]

Augsburg Bishop Dr. Josef Stimpfle

One exceptional circumstance in Augsburg was the comparatively early and unusually resolute engagement of Catholic Bishop Josef Stimpfle. After 1963 he maintained progressively friendly relations with IKG President Julius Spokojny. In 1978 Bishop Stimpfle wrote Augsburg Mayor Hans Breuer requesting a room be made available in city hall for a prayer service to commemorate the 40th anniversary of the November pogroms of 1938.[35] The bishop's letters and greeting cards to the IKG show respect for the theological tradition of Judaism, a respect uncommon at that time. Bishop Stimpfle acted in awareness of historical responsibility: during the Nazi period, Christian churches had accepted without protest the destruction of the Jewish communities, including the one in Augsburg. In 1940, after Jews were forbidden to hold prayer services, the organ of the Augsburg Synagogue was sold under value to the Catholic parish of Wessling.[36]

Die silberne Platte mit hebräischer Inschrift und Reliefs zu den zwölf Stämmen des biblischen Judentums war ein Geschenk der IKG an Bischof Stimpfle zum 25. Jahrestag seiner Bischofsweihe.
This silver plate with a Hebrew inscription and reliefs depicting the Twelve Tribes of Biblical Judaism was a gift from the IKG to Bishop Stimpfle on the 25th anniversary of his episcopal ordination. [# 5.3.2]

Between Synagogue and Museum: The Augsburg Jewish Community

In seinem Gruß zum Neujahrsfest 1974 betonte Bischof Stimpfle „die bleibenden Verheißungen Gottes für das Volk Israel". Das europäische Christentum hat jahrhundertelang eine heilsgeschichtliche Perspektive der jüdischen Tradition in Abrede gestellt.
In this letter sent on the occasion of Rosh Hashanah, Bishop Stimpfle stresses "God's abiding promises for the Children of Israel." For centuries European Christianity denied that the Jewish tradition could be a path to salvation.
[# 5.3.3]

Eine jüdische Heimatgeschichte

Erst spät begann die deutsche Gesellschaft, sich für jüdisches Leben und jüdische Geschichte zu interessieren. Einzelne lokale Initiativen erforschten seit etwa 1980 die verlorenen jüdischen Traditionen vor Ort oder pflegten Friedhöfe, die von keiner Gemeinde mehr betreut wurden. Engagierte Bürger, oft Lehrer mit ihren Schülern, begannen damals, sich mit der Vergangenheit vor und nach 1933 auseinanderzusetzen und jüdische Geschichte als Teil der deutschen Geschichte und Kultur zu begreifen.37

Local Jewish History

It was a long time before German society became interested in Jewish life and Jewish history. Around 1980, though, individual local initiatives started to research the lost Jewish traditions of their areas and tend Jewish cemeteries that no longer had communities to look after them. Devoted citizens, often teachers and their students, started to engage with the past both pre- and post-1933 and to understand Jewish history as part of the culture and history of Germany.37

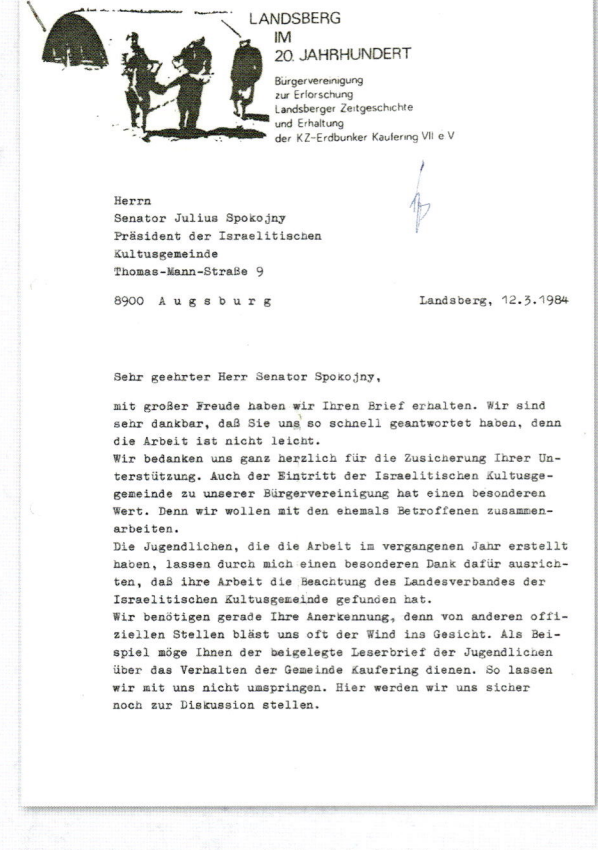

Wie in Landsberg begannen nach 1980 einige lokale Initiativen, die NS-Geschichte vor Ort aufzuarbeiten. Das Schreiben der Bürgervereinigung zur Erforschung Landsberger Zeitgeschichte von 1984 an die jüdische Gemeinde in Augsburg deutet an, dass dabei erhebliche Widerstände zu überwinden waren.

After 1980 a few local initiatives, such as the one in Landsberg, began looking into the Nazi history of their areas. This letter from 1984, addressed to the Jewish Community of Augsburg from the Civic Association for the Investigation of Contemporary Landsberg History, alludes to the often substantial resistance such initiatives encountered. [# 5.4.1]

In dem von Henryk M. Broder und Michel Lang 1979 veröffentlichten Sammelband berichten in Deutschland lebende Juden über ihre Erfahrungen in der Bundesrepublik.
In "Foreign in One's Own Country," a 1979 collection of essays edited by Henryk M. Broder and Michel Lang, Jews living in Germany tell of their experiences in the Federal Republic. [# 5.4.2 a]

Lea Fleischmann wurde als Tochter von Überlebenden der Shoa im DP-Lager Föhrenwald geboren und wuchs in Ulm auf. Obwohl sie als Lehrerin eine Anstellung auf Lebenszeit hatte, verließ sie Deutschland 1979 und ging nach Israel. Ein Jahr später erschien ihr Buch.
Lea Fleischmann, whose parents were both Shoah survivors, was born in the Föhrenwald DP camp and grew up in Ulm. Although she had already been tenured as a teacher, she left Germany for Israel in 1979. Her book appeared one year later. [# 5.4.2 b]

Das 1987 veröffentlichte Buch von Ralph Giordano thematisiert den Unwillen der Deutschen, sich mit der NS-Zeit auseinanderzusetzen und kritisiert die Bereitschaft in der Bundesrepublik, Massenmörder widerspruchslos als Teil der Bevölkerung zu akzeptieren.
Ralph Giordano's book "The Second Guilt," first published in 1987, addresses Germans' unwillingness to engage with the Nazi period and criticizes West Germany's readiness to placidly accept mass murderers as part of the population. [# 5.4.2 c]

Beginnende Erinnerung

Die Ausstellung „Mein Augsburg" zur Lokalgeschichte im 20. Jahrhundert führte Anfang 1983 zu einer intensiven Auseinandersetzung mit der NS-Zeit und ihren tiefgreifenden Folgen für die Stadt. Zur Vorbereitung der Ausstellung waren die Bürgerinnen und Bürger aufgefordert, Dokumente und Erinnerungen beizutragen. Die große Resonanz überraschte alle Beteiligten.[38] Auch das Begleitprogramm zur Ausstellung erinnerte an die Zerstörung der Demokratie im Nationalsozialismus, enthielt aber keine Veranstaltung, die sich mit der jüdischen Gemeinde der Stadt vor oder nach 1933 befasste. Obwohl es im geschichtsbewussten Augsburg zahlreiche Gedenktage gab, die alljährlich der Zerstörung der Stadt im Luftkrieg, der Vertreibung der Sudetendeutschen und der Toten des Zweiten Weltkriegs gedachten,[39] wurde die Erinnerung an die jüdischen Bürger der Stadt erst spät Teil des öffentlichen Bewusstseins.

Emerging Memory

At the beginning of 1983, the exhibition "My Augsburg" was the occasion of intense engagement with the Nazi period and its far-reaching consequences for the city. Citizens were asked to contribute documents and recollections, and the extent of the response surprised everyone involved.[38] But although the accompanying program of events drew attention to the destruction of democracy under National Socialism, there was no event focusing on the city's Jewish community whether before or after 1933. History-conscious Augsburg had several remembrance days: the destruction of the city in the aerial bombing, the expulsion of the Sudeten Germans and the loss of the World War II dead were all commemorated annually.[39] The memory of the city's Jewish citizens entered the public consciousness only later.

Ausstellungskatalog „Mein Augsburg" und Begleitprogramm, Augsburg, 1983.
Catalogue and program for the "My Augsburg" exhibition, Augsburg, 1983. [# 5.5.1 + 5.5.2]

Das 1967 veröffentlichte Buch von Alexander und Margarete Mitscherlich wurde zu einem Klassiker der sogenannten „Aufarbeitung".
Alexander and Margarete Mitscherlich's book "The Inability to Mourn," first published in 1967, became a classic of the collective engagement with National Socialist history. [# 5.5.3 a]

Verschwiegen und verdrängt

Suppressed and Repressed

Das Schulbuch von Ruth Melcer aus dem Jahr 1974 zeigt, dass im Geschichtsunterricht kein Unterschied zwischen den Opfern der NS-Verbrechen und den Leiden der Zivilbevölkerung im Krieg gemacht wurde. Zur NS-Rassenpolitik und zum Holocaust gibt es weder eine klare Begrifflichkeit noch Bildmaterial. Vom NS-Führungspersonal und dem Kriegsverlauf hingegen werden auf den vorangehenden Seiten Bilder im Großformat gezeigt.
A schoolbook of Ruth Melcer's from 1974 shows that history classes made no distinction between victims of the Nazi regime and the general civilian population with its own wartime suffering. In neither the text nor the illustrations is there any substantial mention of Nazi racial policies or the Holocaust. The large pictures on the previous pages are reserved for Nazi Party leaders and the course of the war. [# 5.5.3 b]

Vom OB für den Bürger

Liebe Mitbürgerinnen und Mitbürger, im Rahmen unseres 2000jährigen Jubiläums hatten viele von Ihnen bereits Gelegenheit, mit anderen Bürgern und mit auswärtigen Gästen ein urbanes, würdiges und lebendiges Fest zu begehen. Wir erinnerten uns an 2000 Jahre Geschichte; diese war immer von Höhen wie auch von Tiefen geprägt. Es gilt nun, sich auch der unwürdigsten Momente unserer Geschichte zu erinnern und dabei zugleich auch all derer in Würde zu gedenken, die hier zu Opfern geworden sind.

Aus diesem Grund haben die Stadt Augsburg und der Bezirk Schwaben gemeinsam die in aller Welt lebenden Augsburger Mitbürger jüdischen Glaubens oder jüdischer Abstammung zu einem Besuch ihrer alten Heimatstadt eingeladen. Wenn uns nun in der kommenden Woche viele unserer ehemaligen jüdischen Mitbürger besuchen, so ist dies kein Akt der Wiedergutmachung, und er kann und darf auch nicht unser alt Gewissen beruhigen. Die Untaten der braunen Horden sind nicht wiedergutzumachen. Sie können allenfalls als mahnendes Beispiel eines einzigartigen Zerstörungszuges des Ungeistes gegen den Geist verstanden werden.

Unsere ehemaligen jüdischen Mitbürger sind noch lebendige Erinnerung an ein perfekt funktionierendes bürokratisches Verfolgungssystem, an haßerfüllte Vorurteile und an verbrecherische Bereicherung sogenannter Arier. Sie fordern von uns Wachsamkeit gegenüber allen Formen des Rassismus, des Hasses und der Intoleranz.

Erinnern wir uns: Augsburg hatte 1933 rund 1200 jüdische Mitbürgerinnen und Mitbürger. Nur knapp 450 konnten ihr Leben durch Emigration retten. Fast 600 wurden in Todeslager deportiert oder begingen aus Angst davor Selbstmord.

Nach der Machtübernahme durch die Nationalsozialisten haben diese in Augsburg bereits am 1. April 1933 zum Boykott jüdischer Geschäfte aufgerufen. Es folgte das Verbot der Benutzung städtischer Bäder für Juden, Kinder durften nicht mehr an städtischen Schulen unterrichtet werden, und schon 1935 wurden die Synagoge und ihre Amtsräume von der Gestapo durchstöbert. Jüdische Ärzte und Rechtsanwälte erhielten Berufsverbot, und jüdische Unternehmen wurden zu Schleuderpreisen arisiert, d. h. zumeist an deutsche Nazis verkauft.

In der Nacht vom 9. auf 10. November 1938 verwüsteten SA und SS jüdische Geschäfte und Wohnungen und zündeten die hiesige Synagoge in der Halderstraße an. Ab 1941 mußte jeder Jude zur entwürdigenden Kennzeichnung den Davidstern auf seiner Kleidung tragen, und die Deportationen in die Vernichtungslager des Ostens liefen auf Hochtouren.

Viele von Ihnen, meine verehrten Mitbürgerinnen und Mitbürger, kennen dies nicht mehr aus eigener Erfahrung. Aber ich weiß, daß man geschichtliche Erfahrungen nicht vergessen darf und fühle mich zu-

Der Opfer in Würde gedenken

tiefst einer Inschrift auf einem jüdischen Grabstein verpflichtet, wo es heißt: „Unrecht brachte uns den Tod — Lebende vergeßt das nicht."

Wenn in den letzten Jahren unsere Stadt viel Geld aufgewendet hat zur Sanierung des israelitischen Friedhofs in der Haunstetter Straße, wenn wir mit dazu beigetragen haben, daß das kostbare Juwel der jüdischen Synagoge als besonderes Kulturdenkmal den Gläubigen, aber auch unserer Stadt zur Ehre gereicht, so bezeugt das die gute Zusammenarbeit zwischen der israelitischen Kultusgemeinde und der Stadt Augsburg. Es bezeugt unseren Willen, unsere Kraft dafür einzusetzen, daß solch schreiendes Unrecht nicht mehr geschieht.

Die Woche der jüdischen Mitbürger ist Mahnung zu Gerechtigkeit und Menschlichkeit. Dies beziehe ich auch auf alle Mitbürger ausländischer Herkunft und anderen Glaubens. Verständnis und tolerantes Miteinander müssen Maxime des Handelns in unserer Stadt und unserer Demokratie sein.

In der Amtszeit des Augsburger Oberbürgermeister Hans Breuer änderte sich das Verständnis von Politik und Verwaltung.[40] Die politischen Repräsentanten wurden „bürgernäher". Der Artikel erschien eine Woche vor dem Besuch ehemaliger jüdischer Bürger der Stadt im Rahmen der 2000-Jahr-Feier.

Under Augsburg Mayor Hans Breuer politicians and civil servants changed their role in municipal life, becoming more accessible.[40] This article appeared a week before former Jewish citizens visited the city as part of Augsburg's bi-millennial celebration.

Artikel aus der „Augsburger Allgemeinen" vom 23. August 1985.
Article from the "Augsburger Allgemeine" newspaper of August 23, 1985. [# 5.5.4]

„Wir erinnerten uns an 2000 Jahre Geschichte; diese war immer von Höhen wie auch von Tiefen geprägt. Es gilt nun, sich auch der unwürdigsten Momente unserer Geschichte zu erinnern und dabei zugleich derer in Würde zu gedenken, die hier zu Opfern geworden sind."

"We recalled the 2000 years of our history: a history that has seen both highs and lows. Now it's time to recall the most unworthy moments of our history and duly commemorate those who were made victims here."

Between Synagogue and Museum: The Augsburg Jewish Community

Gernot Römer – ein Pionier der Erinnerung

In Augsburg erforschte als Erster der in Wuppertal geborene Gernot Römer Leben und Schicksal der schwäbischen Juden. Er nahm Kontakt zu Emigranten auf, sammelte Adressen und rekonstruierte in Gesprächen und persönlichen Begegnungen die konkreten Verfolgungserfahrungen während der NS-Zeit. Als Chefredakteur der „Augsburger Allgemeinen" berichtete er immer wieder über das Schicksal schwäbischer Juden. Seiner beharrlich vorgetragenen Anregung ist es zu verdanken, dass die Stadt Augsburg 1985 ehemalige jüdische Bürgerinnen und Bürger für eine Woche in ihre alte Heimat einlud.[41]

Gernot Römer – A Pioneer of Remembrance

Gernot Römer, a native of Wuppertal, was the first person in Augsburg to research the lives and fates of Swabian Jews. He contacted émigrés, compiled their addresses and – through conversations and in-person encounters – reconstructed their concrete experiences of persecution under the Nazi regime. As editor in chief of the "Augsburger Allgemeine" newspaper, he wrote numerous articles on the fates of Swabian Jews. It was at his steadfast urging that the City of Augsburg invited Jewish former citizens for a weeklong visit in their former hometown in 1985.[41]

Gernot Römer, 2005.
Gernot Römer, 2005.
[# 5.6.1 a]

Ab 1983 veröffentlichte Gernot Römer mehr als ein Dutzend Bücher über Juden in Schwaben und ihre Erfahrungen nach 1933. Zusammen mit seiner Frau erarbeitete er diese Publikationen in seiner Freizeit neben der Tätigkeit als Chefredakteur der „Augsburger Allgemeinen".
Starting in 1983, Gernot Römer published more than a dozen books on Jews in Swabia and their experiences after 1933. Working with his wife, he prepared these publications in the time he could spare from his career as editor in chief of the "Augsburger Allgemeine" newspaper. [# 5.6.2 a – i]

Gernot Römer (2. v. re.) 1983 in der Redaktion der „Augsburger Allgemeinen", in der Hand seine Publikation „Der Leidensweg der Juden in Schwaben". Das Buch war für Politik und Gemeinde, die vorwiegend aus osteuropäischen Juden bestand, ein wichtiger Anstoß, sich intensiver mit der deutschjüdischen Lokalgeschichte auseinanderzusetzen. Links der Bezirkstagspräsident, Dr. Georg Simnacher, daneben IKG-Präsident Julius Spokojny und ganz rechts der Verleger der „Augsburger Allgemeinen", Günter Holland.
Gernot Römer (2nd from r.) in the editorial offices of the "Augsburger Allgemeine" newspaper in 1983, in his hand a copy of his book "The Path of Suffering of the Jews in Swabia." The book was an important impetus for both local politicians and the Jewish community – consisting as it did mostly of Eastern European Jews – to engage more thoroughly with the German-Jewish history of the area. On the left, Swabian District Assembly President Dr. Georg Simnacher; next to him, IKG President Julius Spokojny; and on the far right, the publisher of the "Augsburger Allgemeine," Günter Holland. [# 5.6.1 b]

Zwischen Synagoge und Museum: die jüdische Gemeinde Augsburg

IN ALTER PRACHT
RESTORED TO FORMER GLORY

Wiedereinweihung der Großen Synagoge am 1. September 1985.
Rededication of the Great Synagogue on September 1, 1985. [# 6.1.1 a]

Between Synagogue and Museum: The Augsburg Jewish Community

Die Wiedereinweihung der Synagoge

Mit einem festlichen Gottesdienst konnte die Große Synagoge am 1. September 1985, 47 Jahre nach ihrer Verwüstung durch Nationalsozialisten, wieder eingeweiht werden. Feierlich wurden neue Tora-Rollen in den wiederhergestellten Kultraum eingebracht. Stadt und Bezirk hatten zur Einweihung mehr als 60 ehemalige Augsburger eingeladen, die als Juden nach 1933 ihre Heimat verlassen mussten.[42] Zwei Emigranten hielten die zentralen Ansprachen: Ernst Cramer aus Berlin und Rabbiner Walter Jacob aus Pittsburgh, USA. Dessen Vater Ernst Jacob war von 1929 bis zur erzwungenen Emigration 1939 der letzte Gemeinderabbiner in Augsburg gewesen.[43]

The Rededication of the Synagogue

The Great Synagogue was rededicated with a festive prayer service on September 1, 1985, 47 years after it was laid waste by National Socialists. New Torah scrolls were ceremonially carried into the recently restored sanctuary. Attending the ceremony at the invitation of the city and district were more than 60 Jewish former citizens of Augsburg who had been forced to leave their homeland after 1933.[42] Two émigrés gave the main addresses: Ernst Cramer of Berlin and Rabbi Walter Jacob of Pittsburgh, USA. The latter's father, Ernst Jacob, had been the last Augsburg community rabbi, serving from 1929 until his forced emigration in 1939.[43]

Einladung zur Wiedereinweihung mit dem Programm des Festtags.
Invitation to the rededication ceremony, showing the program for the festive service. [# 6.1.2]

Zwischen Synagoge und Museum: die jüdische Gemeinde Augsburg

Kantor Moshe Stern aus Jerusalem leitete die Zeremonie zur Wiedereinweihung.
Cantor Moshe Stern of Jerusalem led the rededication ceremony. [# 6.1.1 c]

Julius Spokojny mit Bischof Josef Stimpfle und dem Bayerischen Kultusminister Hans Maier, dahinter der evangelische Dekan Johannes Merz.
Julius Spokojny with Bishop Josef Stimpfle and Bavarian Minister of Education Hans Maier; in back, Evangelical Dean Johannes Merz. [# 6.1.1 d]

Walter Jacob bei seiner Ansprache am 1. September 1985.
Walter Jacob addressing the congregation, September 1, 1985. [# 6.1.1 b]

Stadt, Regierungsbezirk und Freistaat sowie die katholische und evangelische Kirche waren durch bedeutende Repräsentanten vertreten. Der Augsburger Oberbürgermeister betonte in seinem Grußwort, Sanierung und Wiedereinweihung seien Ausdruck der Zugehörigkeit der jüdischen Tradition zum Leben der Stadt.[44] Gleichwohl war die Zukunft dieser Tradition in Augsburg 1985 aus jüdischer Perspektive höchst ungewiss: Der Kantor Moshe Stern kam aus Israel und der Synagogenchor aus dem französischen Straßburg.

Likewise present were important representatives of the city, the district, the state and the Catholic and Evangelical churches. In his remarks, the Augsburg mayor stressed that the repair and rededication of the synagogue demonstrated the Jewish tradition's permanent place in the life of the city.[44] Nevertheless, from the Jewish perspective in 1985, the future of that tradition in Augsburg was highly uncertain: the cantor at the ceremony, Moshe Stern, came from Israel, while the synagogue choir came from Strasbourg, France.

Die „Augsburger Allgemeine" berichtete mit einer Sonderbeilage über die Wiedereinweihung der Synagoge, in der auch die Verdienste Julius Spokojnys hervorgehoben wurden.
The "Augsburger Allgemeine" newspaper devoted a special supplement to the rededication of the synagogue. Among other things the reports underscored the accomplishments of Julius Spokojny. [# 6.1.3]

Between Synagogue and Museum: The Augsburg Jewish Community

Zur 2000-Jahr-Feier der Stadt Augsburg 1985 legte die Deutsche Bundespost eine Briefmarke auf mit dem Bildnis des römischen Kaisers Augustus vor der Silhouette Augsburgs. Anlässlich der Wiedereinweihung wurde dazu ein Sonderstempel mit dem Bild der Synagoge geschaffen.
For Augsburg's bi-millenial celebration in 1985, the German Postal Service issued a stamp with a portrait of the Roman emperor Augustus in front of the city skyline. A rubber stamp with an image of the synagogue was specially created for the rededication. [# 6.1.4]

FESTZEITUNG
der Israelitischen Kultusgemeinde Schwaben-Augsburg
am 1. September 1985
15. Elul 5745

Feierlicher Einzug der Thora-Rollen in die wiedereingeweihte Synagoge

Nach dem Fest ließ Julius Spokojny eine Festzeitung drucken mit den Reden zur Wiedereinweihung und den Grußworten des Bundeskanzlers, des Bundespräsidenten und des Bayerischen Ministerpräsidenten.
After the ceremony Julius Spokojny had printed a special-edition newspaper containing the speeches held at the rededication and the greetings sent by the German chancellor, the German president and the Bavarian prime minister. [# 6.1.5]

Zwischen Synagoge und Museum: die jüdische Gemeinde Augsburg

Julius Spokojny – Präsident und Senator

Wie fast alle Mitglieder der IKG hatte Julius Spokojny (1923 – 1996) Angehörige durch den nationalsozialistischen Massenmord verloren und, wie die meisten Mitglieder polnischer Herkunft, selbst mehrere Konzentrationslager überlebt.[45] Ab 1963 führte er mehr als dreißig Jahre den Vorstand. Mit Diplomatie und Ausdauer gelang es ihm, öffentliches Interesse für die Belange der Gemeinde zu gewinnen. Es ist vor allem seiner Beharrlichkeit zu verdanken, dass die Große Synagoge renoviert wurde.

Innerhalb der Gemeinde war sein Führungsstil umstritten. 1972 bis 1974 wurde er als Präsident von Hermann Melcer abgelöst.[46] Viele Gemeindemitglieder empfanden die Ausübung der Amtsgeschäfte durch Spokojny als autoritär und intransparent. Gleichzeitig wurde er für seine Durchsetzungskraft geschätzt. Sein Verhalten entsprach dem einer Generation von Männern, die sämtliche Entscheidungen in ihrer Person bündelten und als Dank für ihren Einsatz bedingungslose Loyalität erwarteten.

Julius Spokojny war viele Jahrzehnte Mitglied im Zentralrat der Juden und seit 1982 Senator des Freistaats Bayern. 1988 wurde er für sein Wirken mit dem Verdienstkreuz der Bundesrepublik Deutschland geehrt.

Zugewandt, präsent und durchsetzungsstark: Julius Spokojny, um 1990.
Outgoing, involved and assertive: Julius Spokojny, around 1990.
[# 6.2.3 a]

Julius Spokojny – President and Senator

Like almost all IKG members, Julius Spokojny (1923 – 1996) had lost relatives in the mass murder committed by the Nazis. Like most members of Polish background, he had himself survived multiple concentration camps.[45] He led the community board of directors for over 30 years beginning in 1963. With diplomacy and diligence he was able to attract public interest for the affairs of the community. The renovation of the Great Synagogue came about primarily through his persistence.

Within the community, his leadership style was a source of controversy. He was briefly replaced as president, from 1972 to 1974, by Hermann Melcer.[46] Many community members felt Spokojny performed his duties in an authoritarian manner lacking in transparency. At the same time he was admired for his assertiveness. His conduct corresponded to that of a generation in which male leaders incorporated all decision-making power into their person and expected unconditional loyalty in return for their commitment.

Julius Spokojny was for many decades a member of the Central Council of Jews in Germany and beginning in 1982 a senator of the Free State of Bavaria. In 1988 he was honored for his accomplishments with the German Federal Cross of Merit.

Between Synagogue and Museum: The Augsburg Jewish Community

Artikel der „Augsburger Allgemeinen" über den Präsidenten der IKG Julius Spokojny anlässlich der „Woche der Brüderlichkeit" vom 12. März 1977.
Article on IKG President Julius Spokojny on the occasion of the "Week of Brotherhood," from the "Augsburger Allgemeine" newspaper of March 12, 1977. [# 6.2.1]

Julius Spokojny kaufte nach 1985 zahlreiche Exponate für das Jüdische Kulturmuseum bei dem israelischen Künstler Jehoshua Freiman. Dessen Ritualgegenstände verbanden wie dieser Chanukka-Leuchter traditionelle Vorlagen mit modernen Elementen.
Starting in 1985, Julius Spokojny purchased several exhibits for the Jewish Culture Museum from the Israeli artist Jehoshua Freiman. Freiman's ritual objects, such as this Chanukah candelabrum, combined traditional models with modern elements. [# 6.2.2]

Zwischen Synagoge und Museum: die jüdische Gemeinde Augsburg

Im August 1979 tagte der Zentralrat der Juden in Deutschland im Festsaal der Augsburger Synagoge. Julius Spokojny zwischen Simon Snopkowski (li.), Hans Rosenthal und Paul Spiegel (re.).
In August 1979 the Central Council of Jews in Germany met in the reception hall of the Augsburg Synagogue. Julius Spokojny between Simon Snopkowski (l.), Hans Rosenthal and Paul Spiegel (r.).
[# 6.2.3 b]

In Gesellschaft einflussreicher Männer: Julius Spokojny 1985 im Rathaus neben dem Augsburger Oberbürgermeister Hans Breuer und dem Ministerpräsidenten des Freistaats Bayern, Franz-Josef Strauß.
In the company of influential men: Julius Spokojny at city hall in 1985 with Augsburg Mayor Hans Breuer and Bavarian Prime Minister Franz-Josef Strauß. [# 6.2.3 c]

Julius Spokojny mit dem damaligen Bundespräsidenten Richard von Weizsäcker, um 1990.
Julius Spokojny with then German President Richard von Weizsäcker, around 1990. [# 6.2.3 d]

BEGEGNUNGEN
ENCOUNTERS

1985 feierte Augsburg seine 2000-jährige Geschichte.[47] Zum Festprogramm gehörte auch erstmals eine „Woche der ehemaligen jüdischen Mitbürger", die mit der Wiedereinweihung der Synagoge im September zusammengelegt wurde.

Insgesamt folgten 60 ehemalige Augsburger mit Begleitung der Einladung der Stadt und des Bezirks Schwaben: Die Stadt Augsburg empfing etwa 120 jüdische Gäste.[48] Sieben Tage lang ermöglichte ein dichtes Besuchsprogramm die intensive und oft zwiespältige Begegnung mit der alten Heimat. Der Besuch von ehemaligen jüdischen Augsburgern aus aller Welt machte den politischen Repräsentanten deutlich, dass es schwäbische Juden gegeben hatte – Schwaben jüdischer Herkunft, die nach den Spuren Augsburgs aus der Vorkriegszeit suchten und mit ehemaligen Schulkameraden Kontakt aufnahmen.

In 1985 Augsburg celebrated its 2000 years of history.[47] It was the first time that an anniversary celebration in the city included a "Week of Jewish Former Fellow Citizens." The week took place in September to coincide with the rededication of the synagogue.

Sixty former Augsburg citizens traveled to the city together with their families and companions at the invitation of the City of Augsburg and the District of Swabia.[48] In total Augsburg received about 120 Jewish guests. The packed seven-day itinerary provided the guests with an intense and often ambivalent encounter with their former hometown. The arrival of these Jewish former citizens of Augsburg from all over the world made clear to political representatives that there had once been Swabian Jews: Jews of Swabian origin who spent their visit searching for signs of prewar Augsburg and reestablishing contact with former schoolmates.

Gäste der Wiedereinweihung vor der Synagoge am 1. September 1985.

Guests for the rededication, in front of the synagogue; September 1, 1985. [# 7.0.1]

Zwischen Synagoge und Museum: die jüdische Gemeinde Augsburg

Im Unterschied zu Besuchsprogrammen anderer deutscher Städte wies das Augsburger Programm viele Bezüge zur jüdischen Heimatgeschichte auf. Dazu gehörte auch ein „Schwabentag", der zu Orten ehemaligen jüdischen Lebens im Umland führte.[49]
Unlike the visit programs of other German cities, the Augsburg program included many connections to local Jewish history. Among the scheduled events was a "Swabia Day," on which participants visited former sites of Jewish life in the Augsburg area.[49] [# 7.1.1]

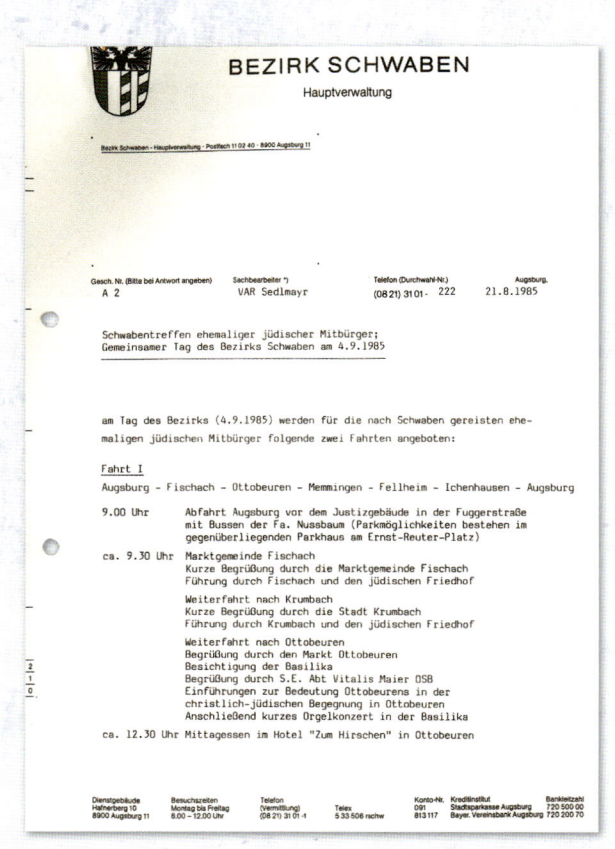

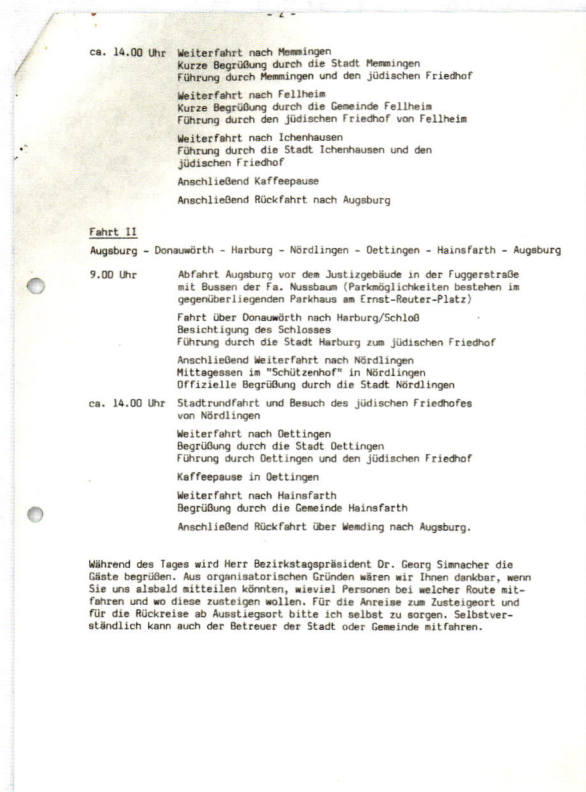

Rückkehr

Unter den Gästen war auch Ernst Cramer aus Berlin. Er wurde 1913 in Augsburg geboren und emigrierte 1939 nach der Haft in Buchenwald in die USA. Seine Eltern und sein Bruder wurden 1942 aus Augsburg nach Piaski deportiert und ermordet.[50] Cramer kehrte nach Deutschland zurück, arbeitete am Wiederaufbau des Zeitungswesens und gehörte seit 1967 als enger Vertrauter von Axel Springer zur Geschäftsführung des Springer-Verlags in Berlin. Nach jahrzehntelanger Distanz blieb er ab 1982, als sich die Pläne für die Restaurierung und Museumsgründung konkretisierten, der Gemeinde und dem Kulturmuseum eng verbunden. 2003 ernannte ihn die Stadt Augsburg zum Ehrenbürger.

Ernst Cramer, um 1990.
Ernst Cramer, around 1990. [# 7.1.2]

Coming Back

Among the guests was Ernst Cramer of Berlin. Born in Augsburg in 1913, he emigrated to the USA in 1939 after being interned in Buchenwald. In 1942 his parents and his brother were deported from Augsburg to Piaski and murdered there.[50] After the war Cramer returned to Germany and helped rebuild the press. A close associate of Axel Springer, he joined the management board of the Springer Publishing Company in Berlin in 1967. After decades without contact to Augsburg, he reestablished his connection with his former community in 1982 as plans were solidifying for the restoration of the synagogue and the founding of the museum. He afterwards remained in close contact. The City of Augsburg named him an honorary citizen in 2003.

Zögerliche Einladung

Die Stadt ließ sich Zeit, Einladungen an die ehemaligen Augsburger zu verschicken und beschloss, über die schon bekannten Adressen hinaus ihr Besuchsprogramm nicht zu annoncieren.[51] Gernot Römer unterlief diesen Beschluss und veröffentlichte einen Artikel zum Besuchsprogramm in der deutschjüdischen Zeitung „Aufbau" in New York. Walter Guggenheim übernahm diesen Artikel und publizierte ihn in Tel Aviv. Daraufhin meldeten sich viele Ehemalige bei der Stadt Augsburg und baten um Einladungen. Insgesamt kamen so die aktuellen Anschriften von über 200 emigrierten jüdischen Augsburgern zusammen.[52]

Hesitant Invitations

The city took its time sending out invitations to the former Augsburg citizens. It also decided not to announce its visit program other than to the invitees already on the list.[51] Gernot Römer disregarded this decision and published an article on the visit program in the German-Jewish newspaper Aufbau in New York. The article was picked up and republished by Walter Guggenheim in Tel Aviv. Subsequently a great number of former citizens contacted the city to request invitations. In this way, the current addresses of more than 200 former Augsburg Jews were compiled.[52]

Artikel von Walter Guggenheim über das Besuchsprogramm der Stadt Augsburg aus den in Tel Aviv erschienenen „Israel Nachrichten" vom 16. Oktober 1984.
Article on the City of Augsburg's visit program, written by Walter Guggenheim and published in the Tel Aviv newspaper "Israel Nachrichten" ("Israel News") on October 16, 1984. [# 7.2.1 a]

Zwischen Synagoge und Museum: die jüdische Gemeinde Augsburg

50 Jahre nach der erzwungenen Emigration

Jüdische Bürger sehen ihre alte Heimat wieder

Auf Einladung der Stadt kommen 120 ehemalige Einwohner

Von unserem Redaktionsmitglied Alois Knoller

Sie sind in Augsburg geboren oder haben hier mit ihren Familien gelebt. Um das nackte Leben zu retten, sind sie während der nationalsozialistischen Herrschaft fortgegangen. Manche der ehedem 1200 jüdischen Mitbürger Augsburgs konnten die erlittenen Demütigungen bis heute nicht überwinden und sagten der Einladung von Stadt und Bezirk ab. 120 der schätzungsweise 600 Überlebenden, die jetzt in aller Welt zerstreut wohnen, werden ab morgen für eine Woche Gast in ihrer alten Heimat sein und die feierliche Eröffnung der wiederhergestellten Synagoge an der Halderstraße am Sonntag miterleben.

Nach einem halben Jahrhundert die jetzigen Adressen ausfindig zu machen, erwies sich für die Organisatoren als mühsame, aber erfolgreiche Detektivarbeit. Von den 230 Angeschriebenen, die meisten inzwischen hochbetagt, nahmen schließlich mehr als die Hälfte das Angebot wahr, auf Kosten der Stadt — sie kommt für Unterbringung und Verpflegung auf — eine Woche in Schwaben zu verbringen. Für viele ehemalige Bürger, die nun in der Schweiz, in Dänemark, England, Italien, Südafrika, den USA oder Israel leben, ist dies das erste Wiedersehen mit Augsburg seit dem erzwungenen Weggang.

Willkommens-Empfang

Zum Willkommen gibt die Stadt am Freitag im Goldenen Saal einen Empfang und lädt zum gemeinsamen Essen. Am Samstag sind die jüdischen Mitbürger Gäste der Israelitischen Kultusgemeinde und feiern mit ihr den Gottesdienst. Einen Höhepunkt bildet am Sonntag die Einweihung der Großen Synagoge und die Eröffnung des neugeschaffenen jüdischen Kulturmuseums. Der Festtag wird mit einem Kammerkonzert im kerzenerleuchteten Schaezlerpalais ausklingen. Zu diesem Ereignis haben sich bereits Journalisten aus aller Welt, insbesondere aus den USA und Israel, angesagt.

Schwaben-Rundfahrt

Eine Begegnung mit dem alten und dem neuen Augsburg steht für Montag auf dem Programm. Die beiden Führungen werden jeweils in den christlichen Hauptkirchen der Stadt enden. Für die evangelische Kirche wird Pfarrer Roland Höhn die jüdischen Gäste um 11.30 Uhr in St. Anna begrüßen. Im Dom wird Generalvikar Dr. Eugen Kleindienst oder Bischof Josef Stimpfle die Besuchergruppe im Namen der Diözese um 17.30 Uhr willkommen heißen. Nach einer Ruhepause am Dienstag sollen die Gäste am Mittwoch auf zwei Rundfahrten durch das südliche oder nördliche Schwaben auch die Orte ehemaliger jüdischer Gemeinden im Bezirk kennenlernen.

Bekenntnis zur Geschichte

„Wir betrachten die Woche der jüdischen Mitbürger nicht als Beitrag zur Wiedergutmachung — das wäre zu billig; wir betrachten sie als Bekenntnis zur Geschichte dieser Stadt, wenn es auch das betrüblichste Kapitel war", erläuterte Oberbürgermeister Hans Breuer gegenüber Journalisten den Grundgedanken der Einladung. Als glücklicher Termin für diese erste Aktion habe sich das Zusammentreffen von Jubiläumsfeier und Synagogeneröffnung angeboten. Auch Senator Julius Spokojny, Präsident der Israelitischen Kultusgemeinde, plädierte dafür, alte Wunden nicht wieder aufzureißen. „Wir sollten ein neues Kapitel in Augsburg aufschlagen", meinte Spokojny.

Künftig jedes Jahr

Damit die Begegnung mit ehemaligen jüdischen Mitbürgern keine Eintagsfliege bleibt, hat OB Breuer angeregt, künftig jedes Jahr eine Besuchergruppe einzuladen. Für diesen kleineren Kreis sollten dann auch die Reisekosten übernommen werden, die diesmal noch zu Lasten der Teilnehmer gehen. Zur Kritik an diesem Verfahren meinte der OB, die Reisekosten seien bei einem so großen Teilnehmerkreis für Stadt und Bezirk nicht zu kalkulieren gewesen. Beim nächsten Mal werde man aber diejenigen einladen, die jetzt wegen finanzieller Gründe nicht in die Fuggerstadt kommen konnten.

Ihrer vereinten Initiative ist das erste Wiedersehen ehemaliger jüdischer Mitbürger mit ihrer alten Heimat in Augsburg und Schwaben zu verdanken (von links): Oberbürgermeister Hans Breuer, Bezirkstagsvizepräsident Edwin Huber und Senator Julius Spokojny, Präsident der Israelitischen Kultusgemeinde.
AZ-Bild: Silvio Wyszengrad

Umfangreiche Vorkehrungen zur Woche der jüdischen Mitbürger

Polizei verstärkt den Schutz der Synagoge in der Halderstraße

Auch beim Großflugtag zahlreiche Ordnungshüter im Einsatz

(utz). Zur Woche der jüdischen Mitbürger, die am Donnerstag beginnt und bis zum 5. September andauert, hat die Polizei umfangreiche Sicherheitsvorkehrungen getroffen. Im Mittelpunkt des Objektschutzes steht dabei die Synagoge in der Halderstraße, die bisher schon im Rahmen von Funkstreifenkontrollen überwacht wird, um mögliche antisemitischen Schmierereien an dem Gebäude vorzubeugen. Mit etwa 30 Beamten ist die Polizei auch präsent, wenn am Sonntagvormittag die Synagoge mit einer Feierstunde wiedereröffnet wird.

Zu dem Gottesdienst in der Synagoge sind rund 800 Gäste eingeladen, darunter Kultusminister Professor Hans Maier und Wirtschaftsminister Anton Jaumann, die als hochrangige bayerische Politiker meist ohnedies Personenschutz durch die Polizei genießen. Ein besonderes Augenmerk wollen die Ordnungshüter auch auf den Vertreter der israelischen Botschaft in Bonn legen, der seine Teilnahme ebenfalls zugesagt hat. Er wird bei den Staatsschützern der Polizei als gefährdet eingestuft.

„Erheblich verstärkt" worden ist nach Angaben von Hauptkommissar Horst Rossmanith vom Sachgebiet Einsatz der Polizei die Bewachung der Synagoge. Einzelheiten der Schutzmaßnahmen gibt die Polizei nicht bekannt. Der Objektschutz des Gebäudes in der Halderstraße soll vor allem Schmieraktionen im Vorfeld der Wiedereröffnung am Sonntag verhindern.

Die Synagoge war in der Vergangenheit bereits einige Male mit antijüdischen Parolen und Hakenkreuzen beschmiert worden. Zuletzt konnten Beamte des Kommissariats Staatsschutz auch einen Verdächtigen ermitteln, der seit Jahren als rechtsextrem bekannt ist. Der Mann, ein Rentner, ist allerdings von den Gerichten als unzurechnungsfähig erklärt worden, so daß er strafrechtlich nicht mehr belangt werden kann. Erst vor wenigen Wochen hatte der Rentner die Behörden wieder beschäftigt, nachdem er Bundespräsident Richard von Weizsäcker einen beleidigenden Drohbrief zugeschickt hatte.

Weitaus personalintensiver als bei der Woche der jüdischen Mitbürger wird allerdings der Polizeieinsatz beim Großflugtag am Sonntag, 8. September, sein. Wie Hauptkommissar Horst Rossmanith mitteilt, erwarten die Veranstalter bei schönem Wetter rund 100 000 Besucher, die mit etwa 20 000 Autos zum Mühlhauser Flughafen anfahren werden. Insgesamt werden 140 Ordnungshüter, davon 70 Bereitschaftspolizisten, eingesetzt.

Etwa 200 Mann des Technischen Hilfswerkes sollen für die Absperrung sorgen. In die Sicherheitsvorkehrungen sind auch 50 Sanitäter und rund 70 Wehrmänner der Berufsfeuerwehr sowie zahlreiche Freiwillige Wehren eingebunden. Nach Angaben von Feuerwehrchef Josef Korschinsky werden zehn Löschfahrzeuge „für alle Fälle" in Bereitschaft stehen, darunter auch ein spezielles Rettungsteam der britischen Luftwaffe.

Die „Augsburger Allgemeine" begleitete die „Woche der ehemaligen jüdischen Mitbürger" 1985 mit einer ausführlichen Berichterstattung.
The "Augsburger Allgemeine" newspaper gave close coverage to the "Week of Jewish Former Fellow Citizens" in 1985. [# 7.2.1 b+c]

Between Synagogue and Museum: The Augsburg Jewish Community

Das Wiedersehen in Augsburg und die Kontaktpflege von Gernot Römer stimulierten weitere Treffen unter Ehemaligen in den USA. 1987 kamen etwa 70 Personen nach Ann Arbor, Michigan. Die emigrierten Mitglieder der 1933 gegründeten Privaten Tennisgesellschaft Augsburg (PTGA) veranstalteten seit Mitte der 1980er Jahre mehrere große Treffen in den USA.

The reunion in Augsburg and Gernot Römer's work maintaining contacts led to further get-togethers among former Augsburg Jews now in the USA. About 70 people came to Ann Arbor, Michigan in 1987. The émigré members of the Private Tennis Society of Augsburg (PTGA), founded in 1933, organized a number of large reunions in the USA starting in the mid-1980s.

Treffen ehemaliger PTGA-Mitglieder in Ellenville, New York/USA, 1988.
Reunion of former PTGA members in Ellenville, New York/USA, 1988. [# 7.2.2]

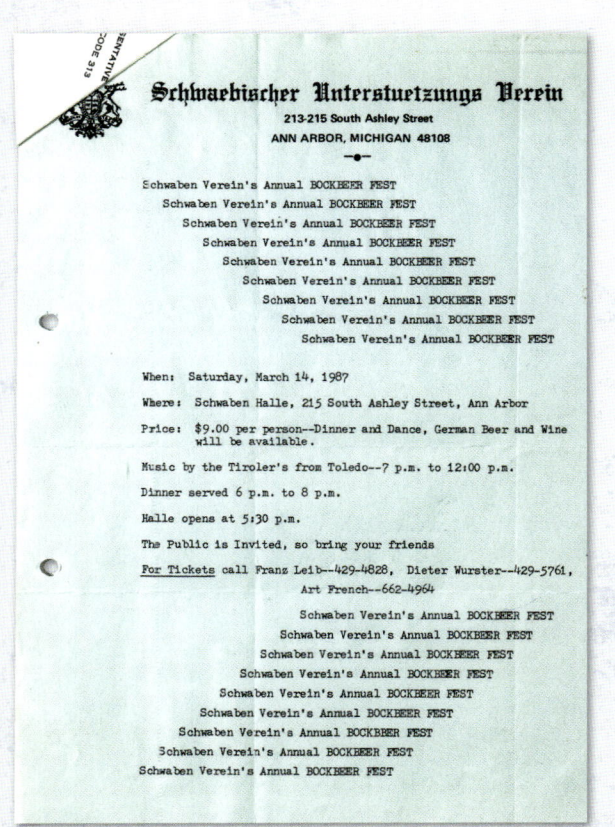

Einladung des Schwaebischen Unterstuetzungs-Vereins in Ann Arbor, Michigan/USA, zum Treffen 1987.
Invitation from the Schwaebische Unterstuetzungs-Verein ("Swabian Benefit Society") of Ann Arbor, Michigan/USA to a get-together in 1987. [# 7.2.3]

In jahrelanger Arbeit sammelte Gernot Römer Adressen, Fotografien und Erfahrungen ehemaliger schwäbischer Juden. In vier solchen Karteikästen archivierte er die Ergebnisse seiner Recherche handschriftlich.
Gernot Römer spent years compiling the addresses, photographs and experiences of former Swabian Jews. The results of his research he wrote out by hand and archived in four card files such as this one. [# 7.2.4]

Unter den Gästen 1985 waren auch die vier Töchter des letzten Synagogenvorstehers vor dem Krieg, des Augsburger Kommerzienrats Albert Dann: Dr. Lotte Dann-Treves (li.) mit ihren drei Schwestern Elisabeth Stern, Sophie und Gertrud Dann vor der Augsburger Synagoge.
Among the guests in 1985 were the four daughters of the last prewar superintendant of the synagogue, Augsburg Councillor of Commerce Albert Dann: Dr. Lotte Dann-Treves (l.) and her sisters Elisabeth Stern, Sophie Dann and Gertrude Dann in front of the Augsburg Synagogue. [# 7.3.1]

„Diesen Besuch können Sie nicht mit Worten beschreiben"

Die Begegnung mit ihrer alten Heimat war für viele ehemalige jüdische Augsburger überwältigend. Angesichts der positiven Resonanz beschloss die Stadt, ab 1986 jährlich fünf ehemalige Emigranten einzuladen und durch die Übernahme der Fahrtkosten auch denen einen Besuch zu ermöglichen, die 1985 nicht kommen konnten. Das Besuchsprogramm wurde 2001 zum letzten Mal durchgeführt.[53]

"You cannot describe this visit in words."

For many of the Jewish former citizens of Augsburg, revisiting their former hometown was an overwhelming experience. Because of their positive reactions, the city resolved to invite five more former citizens each year beginning in 1986. In this way, those who were unable to come in 1985 could still make a visit, with the city paying their travel expenses. The visit program was carried out for the last time in 2001.[53]

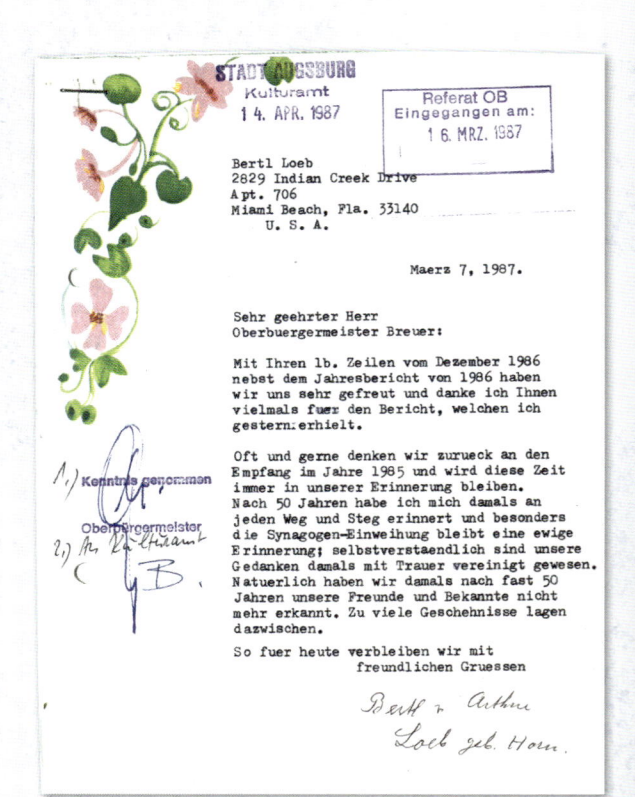

Brief von Bertl Loeb aus Miami Beach, Florida/USA vom 7. März 1987.
Letter from Bertl Loeb of Miami Beach, Florida/USA, March 7, 1987.
[# 7.3.2]

Reaktionen

Viele Ehemalige schrieben nach ihrer Rückkehr Briefe an die Stadt. Sie zeigen die Intensität der Begegnung und – oft hinter Höflichkeit und Zurückhaltung verborgen – den Stolz auf die eigene Augsburger Familiengeschichte wie den Schmerz über deren Zerstörung. Einige spendeten der Augsburger IKG Geld.

Reactions

Many of the former citizens wrote letters to the city after returning home. Their letters reveal the intensity of their experiences during the visit. They also reveal – often through a veil of politeness and reticence – these former citizens' pride in their Augsburg family histories and pain over how those histories were destroyed. Some of the visitors made donations to the Augsburg Jewish community.

Brief von Walter Sturm aus Glen Cove, New York/USA vom Januar 1986.[54]
Letter from Walter Sturm of Glen Cove, New York/USA, January 1986.[54]
[# 7.4.1 a]

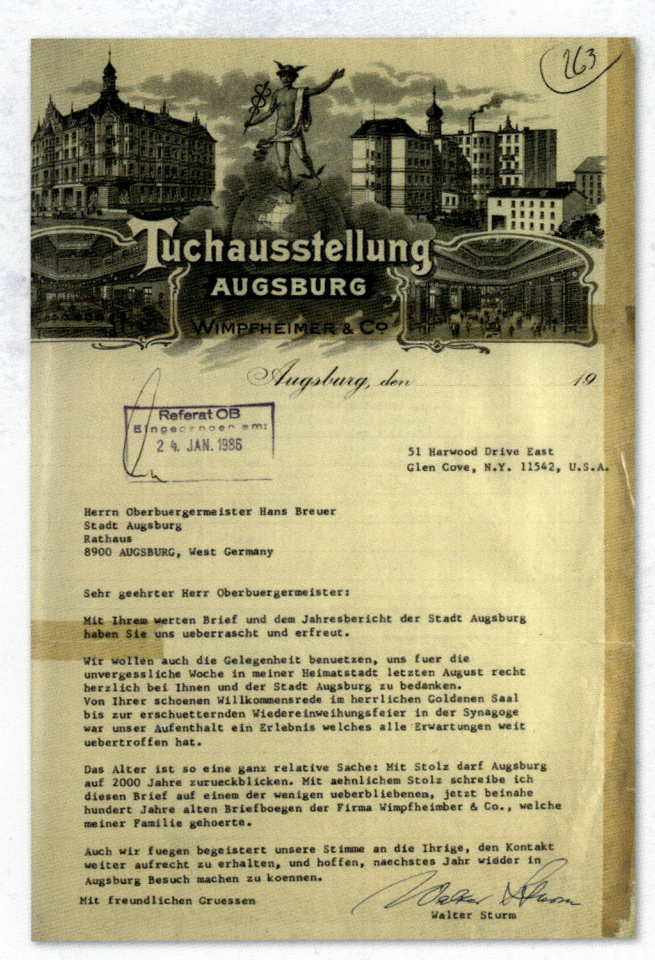

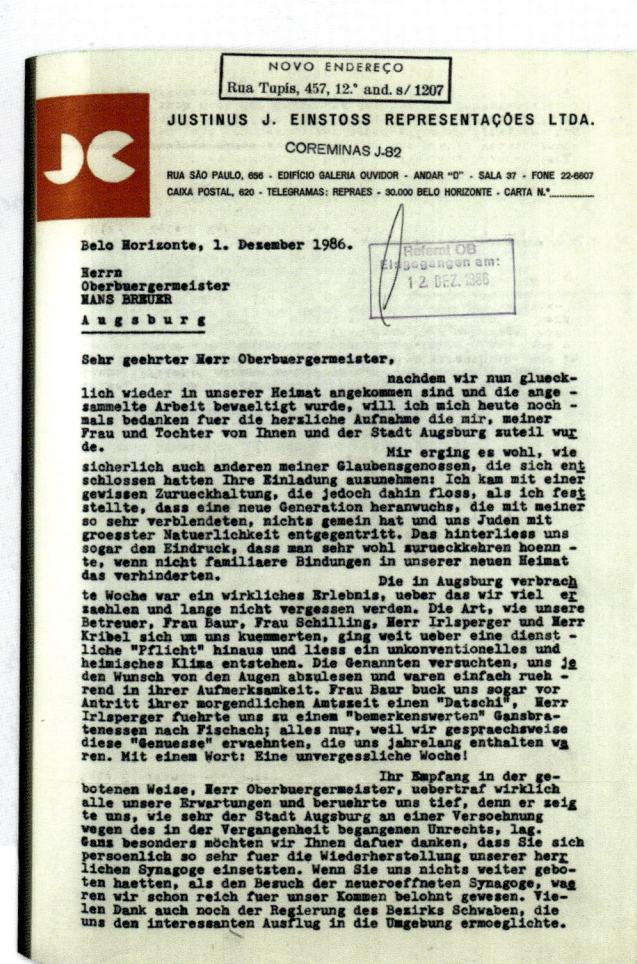

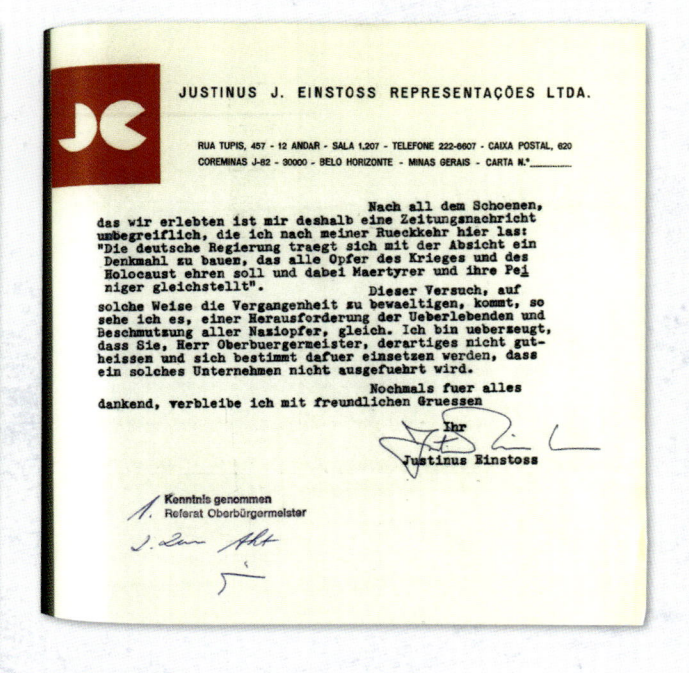

Brief von Justinus J. Einstoss aus Belo Horizonte/Brasilien vom 1. Dezember 1986.
Letter from Justinus J. Einstoss of Belo Horizonte/Brazil, December 1, 1986. [# 7.4.1 b]

Ambivalente Erinnerungen

Wer kam, konnte mit dem Zwiespalt an Gefühlen umgehen. Für manche hingegen kam die Einladung zu spät. Walter Stiel aus Riverdale, New York, hatte schon 1979 an die Stadt Augsburg geschrieben und angesichts der Besuchsprogramme anderer deutscher Städte nach einer Einladung gefragt.[55] 1985 konnte er nicht kommen, da die Stadt die Reisekosten nicht tragen wollte. Danach riss der Kontakt ab.

Ambivalent Memories

Those who came were able to cope with their conflicting feelings. But for some the invitation arrived too late. Walter Stiel of Riverdale, New York had written to the City of Augsburg already in 1979 citing the visit programs of other German cities and requesting a similar invitation.[55] He was unable to come in 1985 because the city did not want to cover his travel expenses. After that, contact broke off.

Brief von Walter Stiel aus Riverdale, New York/USA, an die Stadt Augsburg vom 18. März 1985.
Letter from Walter Stiel of Riverdale, New York/USA to the City of Augsburg, March 18, 1985. [# 7.5.1]

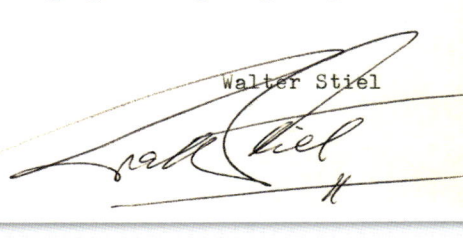

```
Walter Stiel
3601 Hudson Manor Terrace
Riverdale, N.Y. 10463
   U.S.A.                                           3.18.1985

Herrn Oberbuergermeister           und        Praesident
der Stadt Augsburg                            Bezirkstages Schwaben

Meine sehr geehrte Herren,

Ich danke Ihnen fuer die freundliche Einladung zum 2000.Jahres-
jubilaum von Augsburg und desgleichen auch die Wieder-Einweihung
der ehemals schoensten Synagogue Deutschland's.
Gerne wuerde ich Ihre Einladung annehmen und den Festlichkeiten
beiwohnen, aber es ist kaum zu glauben, wie Sie es uns zumuten, die
Reisekosten selbst aufzuwenden, wenn wir von unserer Heimat vertrieben
wurden. Wir mussten die Reisekosten selbst tragen als wir von Deutsch-
land rausgeschmissen wurden und wie stellen Sie sich das vor, die
Reisekosten jetzt selbst zu zahlen, zum Fest des 2000.Bestehen's von
Augsburg und der Wieder-Einweihung der von den Nazis gepluenderten
Synagogue?
Ich finde es absolut beschaemend fuer die Industrie Stadt Augsburg
ihre ehemaligen vertriebenen Mitbuerger zu einem so einmaligen Fest
auf eigene Reisekosten einzuladen, zumal die meisten deutsche Staedte
und auch kleine Staedtchen ihre ehemaligen Mitbuerger zu einem freien
Besuch durch Lufthansa in ihre ehemalige Heimat einluden und die Reise-
kosten stets eingeschlossen waren.
Entweder ist in Augsburg noch ein Duft von Nazi Luft verblieben,
wenn nicht, hoffe ich, dass die zustaendige Behoerde Ihre Meinung noch
aendern wird und den eingeladenen Gaesten freie Reisekosten zusprechen
wird, denn sonst ist dies keine Einladung, sondern eine Schamlosigkeit der
Stat Augsburg.
      Gerne wuerde ich Ihre Einladung annehmen und den Festlichkeiten
beiwohnen, aber nur wenn die Reisekosten mit eingeschlossen sind,
andernfalls koennen Sie Ihre Einladung zuruecknehmen und das schlechte
Andenken an unsere Jugend in Schwaben wird weiterhin mit uns weilen.
Wenn die Stadt Augsburg nach 2000 Jahren es sich nicht leisten kann
den paar uebrig gebliebenen gebuertigen ehemaligen Einwohnern die Reise
kosten zu gewaehren, ist es auch nicht wert auf deren Besuch zu rechnen
und das 2000.Jubiliaum mit Ihnen zu feiern.
Mit freundlichen gruessen und Ihrer werten Antwort entgegensehend,
               Ihr ehemalige gebuertige Augsburger.

                                              Walter Stiel
```

EIN MUSEUM IN DER SYNAGOGE
A MUSEUM IN THE SYNAGOGE

Die Gründung des Jüdischen Kulturmuseums Augsburg-Schwaben

1980 war unsicher, ob es langfristig überhaupt jüdisches Leben in Augsburg geben würde. Die Gemeinde war klein und viele junge Mitglieder wanderten ab. Um die Restaurierung des Innenraums finanzieren und das Gebäude dauerhaft erhalten zu können, entwickelte Julius Spokojny zusammen mit dem langjährigen Vorstand Dr. Iradij Neman und anderen die Idee, ein Jüdisches Museum in der Synagoge zu gründen.[56] Unterstützt wurde er dabei von Hans Lamm, dem Präsidenten der Israelitischen Kultusgemeinde München und Oberbayern.[57] In München gab es bereits einen Museumsverein, der aber keine geeigneten Räume für sein Projekt hatte.

Das Museum in Augsburg sollte die Schönheit und Pracht der jüdischen Religion zeigen. Konzipiert als „Kultmuseum" präsentierten die erste Dauerausstellung und Wechselausstellungen zahlreiche Ritualgegenstände.[58] Viele Objekte wurden dazu in Israel bestellt und angefertigt, andere kamen als ständige Leihgaben aus dem Bayerischen Nationalmuseum. „Hauptexponat" der Ausstellung war, wie Spokojny es formulierte, die restaurierte Große Synagoge selbst.[59] Museum und jüdische Gemeinde benutzen bis heute die Synagoge gemeinsam – wochentags können Museumsbesucher die Synagoge von der Empore aus besichtigen, an den Feiertagen wird sie von der Gemeinde belegt, die sonst in der Werktagssynagoge zum Beten zusammenkommt.

The Founding of the Jewish Culture Museum Augsburg-Swabia

In 1980 it was unclear whether there would even be Jewish life in Augsburg over the long term. The community was small, and many of its young members were leaving. In order to finance the restoration of the synagogue's interior and provide for the permanent upkeep of the building, Julius Spokojny, together with long-standing community chairman Dr. Iradij Neman and others, developed the idea of installing a Jewish museum in the synagogue.[56] He had support from Hans Lamm, President of the Israelitische Kultusgemeinde Munich and Upper Bavaria.[57] A museum society had already been formed in Munich, but so far it had been unable to find suitable rooms for its project.

The museum in Augsburg was to show the beauty and splendor of the Jewish religion. Conceived as a religious museum, it displayed many ritual objects, both in the original permanent exhibition and in temporary exhibitions.[58] Many of the objects came from Israel, ordered and produced especially for the museum, while others were provided on permanent loan by the Bavarian National Museum. The "main exhibit," as Spokojny expressed it, was the restored Great Synagogue itself.[59] To this day the museum and the Jewish community make joint use of the synagogue: on weekdays museum visitors can view it from the gallery, and on Holidays it is occupied by the community. At other times the community comes together to pray in a separate, weekday synagogue.

Zwischen Synagoge und Museum: die jüdische Gemeinde Augsburg

Jüdisches Kulturmuseum Augsburg

Synagogengebäude
Halderstraße 6 – 8

Dienstag bis Donnerstag 10 – 15 h
Sonntag 10 – 13 h

Plakat des Jüdischen Kulturmuseums,
büro ay, Augsburg, 1985.
Poster for the Jewish Culture Museum,
büro ay, Augsburg, 1985.
[# 8.1.1]

Between Synagogue and Museum: The Augsburg Jewish Community

Nach dem Willen Spokojnys setzte sich der Stiftungsrat des Museums aus christlichen und jüdischen Mitgliedern zusammen.[60] Ihre gemeinsame Arbeit sollte das Haus tragen, das von Stadt, Bezirk und Freistaat finanziert wird. Nach der Ausstellung „Siehe der Stein schreit aus der Mauer" im Germanischen Nationalmuseum in Nürnberg 1988 wurde geplant, das Kulturmuseum um eine geschichtliche Abteilung mit Exponaten aus dieser Schau zu erweitern.[61] Tatsächlich wurde die historische Perspektive auf Juden in Schwaben erst ab 2001 realisiert.

In accordance with Spokojny's wishes, the board of the museum foundation included both Christian and Jewish members.[60] Their cooperation was to sustain the institution, which is funded by the city, the district and the state. Following the exhibition "For the Stone Shall Cry Out from the Wall" at the Germanic National Museum in Nuremberg in 1988, plans were made to expand the Culture Museum with a historical department composed of exhibits from the Nuremberg show.[61] In fact, the museum adopted a historical perspective on the Jews of Swabia only after 2001.

Die erste Dauerausstellung zeigte Ritualgegenstände und Synagogenschmuck. Historische Exponate und Neuanfertigungen wurden gemeinsam präsentiert. So standen neben historischen Leihgaben aus dem Bayerischen Nationalmuseum zeitgenössische Neuerwerbungen aus Israel.

The original permanent exhibition showed ritual items and synagogue decorations. Historical items were presented together with newly manufactured ones. Thus historical objects on loan from the Bavarian National Museum stood next to contemporary objects recently acquired from Israel. [# 8.1.2 a–c]

Zwischen Synagoge und Museum: die jüdische Gemeinde Augsburg

Kostbare Erinnerung

Zur Museumseröffnung erschien 1985 ein von Dr. Mordechai B. Ansbacher aus Jerusalem verfasster Katalog, der als Einführung in die religiöse jüdische Tradition und ihre Bräuche konzipiert war. Wichtiger als die Dokumentation der Ausstellung und die historische Kontextualisierung ihrer Exponate war für die Museumsgründer 1985 die Darstellung des Judentums als altehrwürdige und anerkennenswerte Religion, die den gleichen Respekt verdiente wie das Christentum.[62] Mordechai B. Ansbacher, geb. 1927 in Würzburg, war Überlebender der Konzentrationslager und 1945 nach Israel ausgewandert. In den 1960er Jahren leitete er die dortige Gedenkstätte Jad Vashem; ab 1980 wirkte er als Lektor an der Universität Heidelberg.

Precious Reminder

A catalogue was published for the opening of the museum, written by Dr. Mordechai B. Ansbacher of Jerusalem and conceived as a general introduction to the Jewish religious tradition and its customs. In 1985 the museum founders' most pressing concern was not documenting the exhibition and elaborating its historical context, but representing Judaism as a time-honored and admirable religion worthy of the same respect as Christianity.[62] Mordechai B. Ansbacher, born in Würzburg in 1927, was a concentration camp survivor who had emigrated to Israel in 1945. There he directed the Yad Vashem memorial site during the 1960s. After 1980 he was an instructor at the University of Heidelberg.

Ausstellungskatalog von Mordechai B. Ansbacher.
Exhibition catalogue by Mordechai B. Ansbacher. [# 8.2.1]

Geleitwort von Julius Spokojny im Ausstellungskatalog, in dem er die Bedeutung des Museums als Begegnungsstätte hervorhebt und die Synagoge als „Hauptexponat" erwähnt.
Julius Spokojny's preface to the exhibition catalogue, in which he stresses the importance of the museum as a gathering place and refers to the synagogue as its "main exhibit." [# 8.2.2]

Geleitwort des Präsidenten der Israelitischen Kultusgemeinde Schwaben-Augsburg, Senator Julius Spokojny

Als ich 1945 aus dem Konzentrationslager befreit wurde und in Augsburg eine Heimat fand, habe ich mir zwei Aufgaben vorgenommen, nämlich die Restaurierung der Synagoge voranzutreiben und dafür zu sorgen, daß die geschändeten Tora-Rollen neu geschrieben werden. Es hat Jahrzehnte gedauert, bis das Werk vollendet war und ich habe dabei viel Verständnis und Hilfe gefunden. Doch ich sah es als meine Lebensaufgabe und ich danke Gott, daß er es mir ermöglichte, daß wir dieses Haus heute am 1. September eröffnen können. Es ist der Tag des Ausbruches des 2. Weltkrieges, an dem das Leiden unseres Volkes begann.

Ich habe mir 1945 aber noch etwas vorgenommen: Trotz allem, was ich erlebt hatte, und ich war am Rande des Lebens, wollte ich mich für eine Versöhnung und für ein friedvolles Zusammenleben zwischen Deutschland und Israel einsetzen. Das war nicht leicht, das Werk ist noch nicht vollendet, aber daß es gelingt, ist schon am Horizont abzusehen.

Nachdem die Zahl unserer Gemeindemitglieder im Dritten Reich dezimiert wurde, wir also die Synagoge nicht mehr füllen können, soll dieser prächtige Bau zwar noch zu Gottesdiensten an Feiertagen benutzt werden, ansonsten aber haben wir ihn als Hauptexponat in ein Museum eingebracht, das unseren Mitmenschen die Kultur der jüdischen Religion näherbringen soll. Museum und Synagoge stehen für die gesamte Bevölkerung des In- und Auslands offen, wobei wir uns besonders wünschen, daß sich die Jugend aller Völker in aufgeschlossenem Verstehen für Kultur und Religion der Juden interessieren möge. Diesem Ziel ist dieses Museum gewidmet.

Ich habe besonders herzlich zu danken:
Herrn Ministerpräsidenten Dr. h.c. Franz Josef Strauß als Vorsitzendem der Bayer. Landesstiftung.
Herrn Kultusminister Dr. Hans Maier für die Dauerleihgaben des Bayer. Nationalmuseums.
Herrn B. M. Ansbacher aus Jerusalem für seine Gestaltungs- und Beratungshilfe.
Herrn Direktor Rademacher für seine personelle Unterstützung.
Allen Museen und den vielen privaten Leihgebern.

Between Synagogue and Museum: The Augsburg Jewish Community

Mizwa-Zug mit den Ritualgegenständen für die Feiertage.
Mitzvah train with ritual items for the holidays.
[# 8.3.1]

Ausstellungspolitik

Zahlreiche Dauerleihgaben kamen aus dem Bayerischen Nationalmuseum, das bereits ab 1881 eine kleine Schausammlung von Judaica gezeigt hatte. Nach 1933 wurden diese Exponate jahrzehntelang im Depot verwahrt.[63] Die Museumsgründung in Augsburg war für den Freistaat Anlass, jüdische Zeremonialgegenstände aus bayerischen Sammlungen erstmals wieder dauerhaft auszustellen. Die präsentierten Objekte und Ankäufe der ersten Jahre machen deutlich, dass nicht die Geschichte der Juden in Augsburg und Schwaben dargestellt werden sollte. Vielmehr sollten Schönheit und Vielfalt der religiösen Bräuche bei der Bevölkerung Respekt und Bewunderung für das Judentum erwecken. Für viele Museumsmacher und ihr Publikum hatte die Ausstellung von Judaica in dieser ersten Phase jüdischer Museen im Nachkriegsdeutschland auch eine kompensatorische Funktion: Die Präsenz von kostbaren Exponaten sollte die Abwesenheit der Menschen ersetzen, die mit ihnen ihre religiöse Tradition gelebt hatten.[64]

Exhibitions Policy

Much of the museum's collection arrived on permanent loan from the Bavarian National Museum, which had displayed a small collection of Judaica as early as 1881. For decades after 1933, these items remained locked away in a depot.[63] The founding of the museum in Augsburg gave the Free State of Bavaria an opportunity to put the Jewish ceremonial items in its collections back on permanent display. The exhibitions and acquisitions of these early years clearly show that the museum was not supposed to present the history of the Jews in Augsburg and Swabia. Rather, it was intended to instill respect and admiration for Judaism in the visiting public by presenting the beauty and diversity of Jewish customs. For many museum organizers and visitors during this early phase of Jewish museums in postwar Germany, the exhibition of Judaica also had a compensatory function: putting these impressive objects on display was a way of trying to make up for the absence of the people who had once used them in their religious tradition.[64]

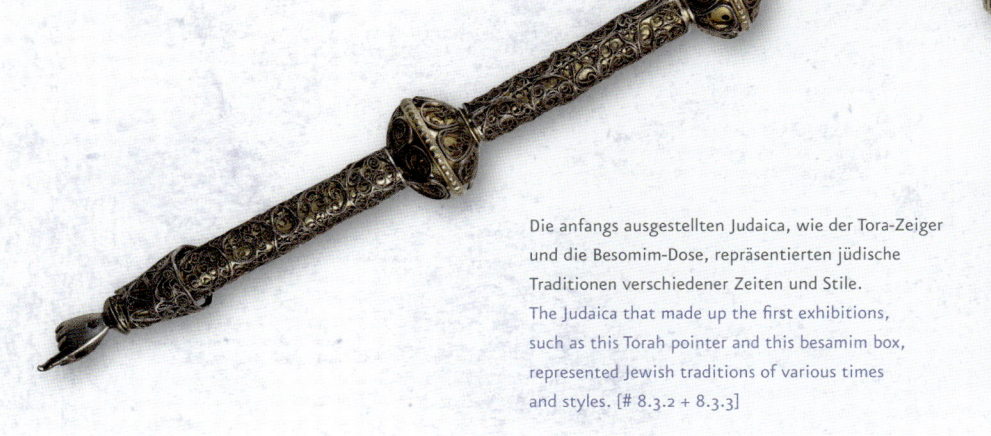

Die anfangs ausgestellten Judaica, wie der Tora-Zeiger und die Besomim-Dose, repräsentierten jüdische Traditionen verschiedener Zeiten und Stile.
The Judaica that made up the first exhibitions, such as this Torah pointer and this besamim box, represented Jewish traditions of various times and styles. [# 8.3.2 + 8.3.3]

Freitag, 14. März 1986 / Seite 12

Die Eröffnungsfreude des Jubiläumsjahres ist verflogen:

Synagoge der Sorge

Jüdisches Kulturmuseum in Augsburg bangt um seine Existenz

Nach dem großen Händeschütteln bei der Eröffnung des Jüdischen Kulturmuseums im Jubiläumsjahr der Stadt Augsburg fühlt sich dessen Initiator jetzt ziemlich alleingelassen. Der Vorsitzende der Israelitischen Kultusgemeinde Augsburg-Schwaben mit nur noch rund 300 Mitgliedern, Senator Julius Spokojny, versucht, mit Personal aus seiner eigenen kleinen Wäschefabrik und mit freiwilligen Helfern aus der Gemeinde den Museumsbetrieb aufrechtzuerhalten. Denn die Nachfrage ist groß. Rund 5000 Besucher werden pro Monat gezählt. Sie strömen aus allen Teilen Bayerns in diese für Deutschland einmalige, in der Zusammenschau mit der restaurierten Jugendstilsynagoge einzigartige Stätte. Solche Zugänglichkeit möchte nicht nur Spokojny auch für die Zukunft garantiert wissen. Ohne Zuschüsse geht das aber nicht.

Während das Jüdische Kulturmuseum in Augsburg aus dem Nichts aufgebaut worden ist, wird jetzt in Frankfurt mit Millionenaufwand eine ähnliche Idee verwirklicht. Zwölf Millionen Mark sollen allein in die Sanierung des Rothschildhauses gesteckt werden, in dem 1988 das Museum eröffnet wird. Nicht ganz neidlos hat Julius Spokojny die dortige Personalausstattung verfolgt: „Sechs Kräfte, davon ein wissenschaftlicher Direktor und ein Verwaltungschef." Einen Museumsleiter und eine Schreibkraft hält er auch für den Betrieb und weiteren Aufbau des Augsburger Museums für unabdingbar. Mit solchem Personal könnten weitere Ideen verwirklicht werden, um die kostbare Synagoge in ein lebendiges Zentrum einzubinden. Gedacht wird an die Einrichtung eines Archivs für liturgische Musik der Juden Europas durch den Komponisten und Dirigenten Andor Icsak, ein Mitglied der Kultusgemeinde, und an eine Abteilung für die jüdische Geschichte in Bayern. Platz wäre in den der Synagoge vorgelagerten Gemeinderäumen vorhanden.

Doch das sind vorerst Wunschträume. Die Realität stellt Spokojny so dar: Die zunächst geschätzten Betriebskosten von 80 000 Mark im Jahr, die aber mindestens verdoppelt werden müßten, sollten auf die Stadt, den Bezirk Schwaben, den Kulturfonds des Landesverbandes der Israelitischen Kultusgemeinden und das bayerische Kultusministerium aufgeteilt werden. Während auf Stadt, Bezirk und Landesverband fest gebaut werden könne, habe der Freistaat eine klare Absage erteilt. Ministerialrat Dr. Wolfgang Eberl, zuständig für die bayerischen Museen, sieht beim besten Willen keine Möglichkeit, laufende Kosten staatlich zu fördern. „Das machen wir ja nicht einmal bei unseren Filialgalerien und können es uns schon gar nicht bei den 640 Privatmuseen Bayerns erlauben", erklärte er auf Anfrage unserer Redaktion. Mit einer solchen Antwort will sich aber der Senator nicht zufriedengeben: „Der Kultusminister müßte für unsere Sache doch eine Lokomotive sein und sie nicht vom grünen Schreibtisch aus abtun lassen!" Da pflichten ihm auch die Augsburger Universitätsprofessoren Johannes Hampel und Karl Filser bei, die an den „schwäbischen Abgeordneten" Hans Maier geschrieben haben. Als Vorsitzender des Zentralkomitees der deutschen Katholiken werde er doch wohl spüren, meint Hampel, daß man diese großartige Synagoge nicht tot liegenlassen kann. „Nach der phantastischen Aufbauleistung darf man der kleinen Gemeinde jetzt nicht die Folgelasten aufbürden wollen."

Nicht nur von der Universität kommt moralische Unterstützung. Auch ein Stiftungsbeirat grübelt darüber, wo sich noch Geldquellen anzapfen ließen. Leichter als die finanzielle Hilfe fällt es dem Gremium, dem Museum wissenschaftlich den Rücken zu stärken. Bei den Universitätsprofessoren stößt es mit dem Wunsch nach der Bildung eines wissenschaftlichen Beirats auf offene Ohren. Ein interessierter Kreis, zu dem auch der Universitätspräsident Prof. Josef Becker zählt, möchte das Kulturmuseum vor allem didaktisch erschließen und damit Schüler aus ganz Bayern an die Thematik heranführen. „Denn schließlich", so ist Prof. Hampel überzeugt, „können wir hier als Christen erfahren, woher wir kommen."

Doch bevor die museumspädagogische Aufbereitung erfolgen wird, muß jetzt für das Überleben gesorgt werden. Da gilt es zunächst einmal dem Arbeitsamt klarzumachen, daß es mit dem Abzug von zwei Kräften des Arbeitsbeschaffungsprogramms falsch lag. „Die Begründung, das Museum rechtfertige jetzt keine Helfer mehr, ist einfach falsch. Wir sind noch mitten in der Aufbauphase." Dafür hat Spokojny handfeste Beweise. Sechs Monate nach der Eröffnung mußte er nun etwa die Hälfte der Exponate, Leihgaben aus ganz Europa, zurückgeben. Die Lücken kann er nur mit ehrenamtlicher Unterstützung füllen.

Prof. Ayala-Helga Deutsch, die eine Ausstellung von Arbeiten aus der Kunst- und Kunstgewerbe-Akademie „Bezalel" von Jerusalem nach Augsburg gebracht hat, bewahrte damit das Jüdische Kulturmuseum vor einer vorübergehenden Schließung. Die mit fünf Jahren vom fränkischen Fürth nach Israel ausgewanderte Kunstexpertin und Sammlerin kam zur Wiedereinweihung der Augsburger Synagoge im September 1985. „Das hat mich so beeindruckt, daß ich gern meine Hilfe angeboten habe." Tatsächlich hat sie nicht nur die meisten Exponate aus ihrem Privatbesitz beigesteuert, sie stellte auch die Ausstellung zusammen und besorgte einen kleinen Katalog. Bis zum 28. August wird ein Ausschnitt der frühen Akademie-Epoche gezeigt, die als besonders originelle Erscheinung der Kunstgeschichte gilt. Denn in der 1905 von dem Bildhauer Prof. Boris Schatz und dem Maler und Illustrator Efraim Moses Lilien gegründeten Kunstschule vereinigten sich die verschiedensten Strömungen zur Eretz-Israel-Kunst: Damaszener und jeminitische Arbeit verschmolzen mit dem Jugendstil. Diese Vielfalt spiegelt sich in liturgischen Gegenständen ebenso wider wie in den Gebrauchs- und Dekorationsstücken.

Geöffnet ist die Ausstellung im Jüdischen Kulturmuseumn, Halderstraße, ab Dienstag, 18. März, dienstags bis freitags von 10 bis 15 und sonntags von 10 bis 17 Uhr.

Ingrid Bergmann

Artikel der „Augsburger Allgemeinen" vom 14. März 1986.
Article from the "Augsburger Allgemeine" newspaper of March 14, 1986. [# 8.3.4]

Bei der Gründung des Museums wurde kein Jahresbudget zugesagt. Daher mussten alljährlich Anträge zur fortlaufenden Finanzierung bei Stadt, Bezirk und Freistaat gestellt werden. Durch Formfehler bei der Aufstellung des Haushalts und nicht festgelegte Zuständigkeiten geriet das Museum schon 1986 finanziell in Schieflage.[65] Erst als die Münchner Staatskanzlei 1988 die Prüfung des Haushalts übernahm und nach 1990 private Geldgeber aus dem Augsburger Bürgertum gewonnen werden konnten, stabilisierte sich die finanzielle Situation.[66]

The museum was not granted a yearly budget at its founding. Applications for funding from the city, the district and the state had to be resubmitted every year. Due to a lack of transparency in management, the museum found itself in financial trouble already in 1986.[65] In 1988, though, the state chancellery in Munich began auditing the museum's budget, and in 1990 the museum began acquiring private donors from among the Augsburg population. After that the financial situation stabilized.[66]

Häufige Leitungswechsel bestimmten die Anfangsjahre des Museums. Am Empfang war die aus Tschechien stammende Hana Walter (1943–2012) lange Jahre erste Ansprechpartnerin für alle Besucher.
The museum's early years were marked by frequent changes of leadership, but for a long time, Hana Walter (1943–2012), a native Czech, was the first point of contact for all visitors. She worked in the reception area. [# 8.3.5]

Auch die Wechselausstellungen der ersten Jahre zeigten Sammlungen jüdischer Zeremonialgegenstände.
The temporary exhibitions during the first years were likewise devoted to Jewish ceremonial items. [# 8.3.6 a + b]

DAS EIGENE LAND – DAS ANDERE LAND
A COUNTRY OF ONE'S OWN – THE OTHER COUNTRY

Zwischen Deutschland und Israel

Angesichts der besonderen Situation jüdischen Lebens in Deutschland war für viele Jugendliche der Weg nach Israel die einzige Möglichkeit, selbstverständlich und unbeschwert privates und öffentliches Leben miteinander zu verbinden. Wer vor 1990 als Jude in der Bundesrepublik lebte, gehörte einer exponierten Minderheit an und konnte außerhalb von Familie und Gemeinde sein Judentum im Alltag weder leben noch entwickeln.[67] Eine deutschjüdische Kultur jenseits der Kultusgemeinden wie vor 1933 gab es nicht. Mit der Einwanderung nach Israel wurde eine dynamische und selbstbestimmte Zukunft als Jude oder Jüdin möglich. Zudem war die Alijah das Bekenntnis zum politischen Projekt eines jüdischen Staats als Antwort auf Jahrhunderte der Diffamierung und Unterdrückung in Europa. Mehr als die Hälfte der in Augsburg aufgewachsenen Gemeindemitglieder wanderte nach Israel aus. Viele von ihnen kehrten nach einiger Zeit wieder nach Deutschland zurück.

Between Germany and Israel

Due to the special situation of Jewish life in Germany, emigrating to Israel was for many young people the only chance to combine private and public life in a natural way. Living as a Jew in West Germany before 1990 meant belonging to an exposed minority, one that could rarely live or develop its Judaism outside of family and community.[67] A German-Jewish culture beyond the Kultusgemeinden, such as had existed before 1933, was wholly absent. By emigrating to Israel, in contrast, one had the chance for a dynamic and self-determined future as a Jew. The "Aliyah" was also a statement of support for the political project of a Jewish state as a response to centuries of defamation and oppression in Europe. More than half the young people in the Augsburg community eventually emigrated to Israel. Many later returned to Germany.

Between Synagogue and Museum: The Augsburg Jewish Community

Wir sind da!

Zum 30. Jahrestag der Staatsgründung Israels verschenkte die Augsburger Ortsgruppe der ZJD Blumen und Fähnchen an einem Stand in der Innenstadt und diskutierte mit den Passanten. Im Unterschied zur älteren Generation suchten die Jungen Kontakt und Auseinandersetzung mit der Öffentlichkeit so wie am 12. Mai 1978 Chaim Strzegowski (1. v. li.), Silvio Wyszengrad (2. v. li.) und Jacky Schenavsky (re.).

We're Here!

On the 30th anniversary of the founding of Israel, the Augsburg chapter of the ZJD set up a stand in the city center and gave out flowers and flags. The ZJD members also engaged passersby in discussion. Unlike the older generation, the community youth sought contact and debate with the public, as here, on May 12, 1978, Chaim Strzegowski (1st from l.), Silvio Wyszengrad (2nd from l.) and Jacky Schenavsky (r.). [# 9.1.1]

Paradoxien

In Israel besteht Visumpflicht für deutsche Staatsbürger, die vor 1928 geboren wurden. Damit soll die Einreise von nationalsozialistischen Tätern verhindert werden. Israel Melcer, Überlebender der Konzentrationslager, musste daher 1972 ein Visum beim israelischen Konsulat in Bonn beantragen, um mit seiner Familie nach Jerusalem reisen zu können.

Paradoxes

To prevent Nazi perpetrators from entering the country, Israel requires German citizens born before 1928 to obtain an entry visa. Thus Israel Melcer, a concentration camp survivor, had to apply for a visa from the Israeli consulate in Bonn before he could travel with his family to Israel in 1972.

Reisepass von Israel Melcer mit Visum von 1972 für die Einreise nach Israel.
Israel Melcer's passport with his Israeli entry visa from 1972. [# 9.1.2]

Geldscheine aus Israel vor der Einführung des Schekel mit Porträts von Theodor Herzl und Albert Einstein. Herzl, Organisator des ersten Zionistischen Kongresses, stammte aus Österreich-Ungarn, Einstein aus Deutschland.
Currency notes from Israel with portraits of Theodor Herzl and Albert Einstein, from before the introduction of the shekel. Herzl, organizer of the First Zionist Congress in Basel in 1897, was from Austro-Hungary; Einstein from Germany. [# 9.1.3 a + b]

Israel Melcer besuchte mit seiner Familie während seines Israelurlaubs 1972 auch Jericho.
One of the places Israel Melcer visited with his family during their Israeli vacation in 1972 was Jericho. [# 9.1.4 a]

Gideon Scheindling, der ältere Sohn des langjährigen Gemeindelehrers, nach der Alijah mit seiner in Israel geborenen Tochter, um 1995. Gideon Scheindling, the elder son of the long-standing Augsburg community teacher, with his Israeli-born daughter after his Aliyah, around 1995. [# 9.1.4 b]

Kontakte

Lange Zeit verhielten sich der Staat Israel und jüdische Organisationen im Ausland distanziert gegenüber den Gemeinden in Deutschland.[68] Umgekehrt war die enge Beziehung zu Israel für die in Deutschland lebenden Juden selbstverständlich und identitätsstiftend. Wie einige im Gemeindearchiv erhaltenen Listen mit Spenden für Israel zeigen, sammelten auch ältere und bedürftige Gemeindemitglieder regelmäßig für den Jüdischen Nationalfonds oder andere israelische Einrichtungen und spendeten teilweise erhebliche Beträge.[69] Nach 1970 änderte sich die Einstellung offizieller Stellen in Israel zur jüdischen Existenz in Deutschland und es kam zu Besuchen und Austauschprogrammen zwischen beiden Staaten.

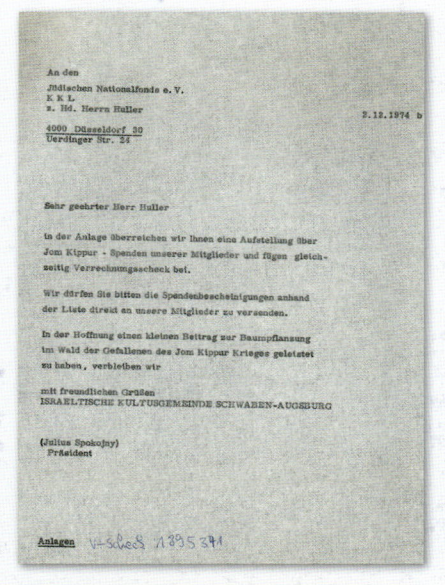

Contacts

For a long time the State of Israel and Jewish organizations abroad took a reserved stance towards communities in Germany.[68] For Jews remaining in Germany, however, close ties to Israel were perfectly natural and an important source of identity. Lists of donations to Israel, preserved in the community archives, show that even elderly and needy members repeatedly collected for the Jewish National Fund or other Israeli organizations and in many cases donated considerable sums.[69] After 1970 the Israeli authorities' attitude towards Jewish existence in Germany changed, and the two countries began arranging visits and exchange programs.

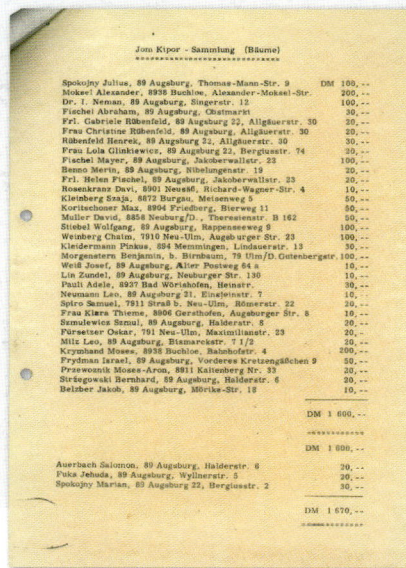

Liste der Spenden von Mitgliedern der jüdischen Gemeinde Augsburg zu Jom Kippur 1974. List of donations made by members of the Jewish community of Augsburg on Yom Kippur 1974. [# 9.2.1 a]

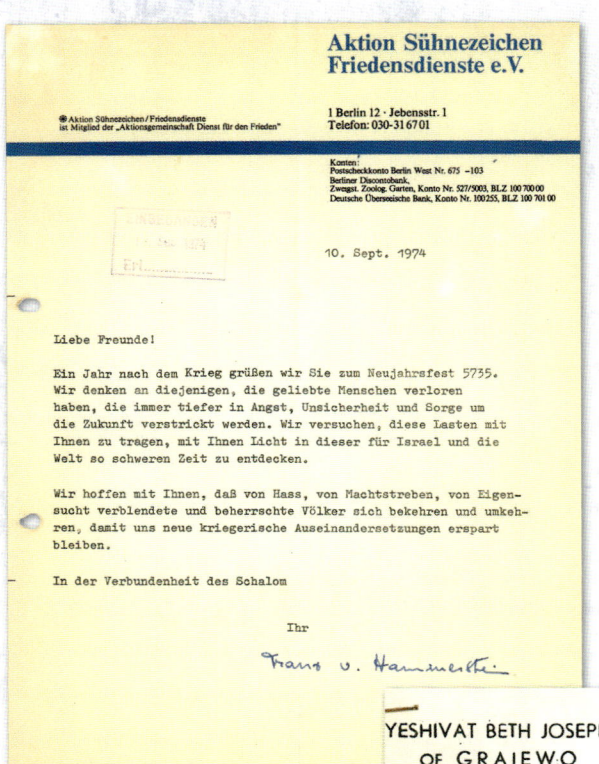

Zwischen Synagoge und Museum: die jüdische Gemeinde Augsburg

Neujahrsgrüße der Aktion Sühnezeichen an die IKG Schwaben-Augsburg von 1974 mit der Erinnerung an den Jom-Kippur-Krieg 1973.
New Year's Greetings from the Action Reconciliation to the Israelitische Kultusgemeinde in 1974. The letter makes reference to the Yom Kippur War of 1973. [# 9.2.1 b]

Aktion Sühnezeichen Friedensdienste e.V.

1 Berlin 12 · Jebensstr. 1
Telefon: 030-31 67 01

10. Sept. 1974

Liebe Freunde!

Ein Jahr nach dem Krieg grüßen wir Sie zum Neujahrsfest 5735. Wir denken an diejenigen, die geliebte Menschen verloren haben, die immer tiefer in Angst, Unsicherheit und Sorge um die Zukunft verstrickt werden. Wir versuchen, diese Lasten mit Ihnen zu tragen, mit Ihnen Licht in dieser für Israel und die Welt so schweren Zeit zu entdecken.

Wir hoffen mit Ihnen, daß von Hass, von Machtstreben, von Eigensucht verblendete und beherrschte Völker sich bekehren und umkehren, damit uns neue kriegerische Auseinandersetzungen erspart bleiben.

In der Verbundenheit des Schalom

Ihr
Franz v. Hammerstein

Besonders religiöse Ausbildungsinstitute baten die Augsburger Gemeinde regelmäßig um Spenden für ihre Arbeit in Israel wie die Jerusalemer Jeschiwa „Beit Josef" im April 1970.
Religious training schools, in particular, regularly contacted the Augsburg community to request donations for their work in Israel, as did here the Yeshiva "Beth Joseph" of Jerusalem in April 1970. [# 9.2.1 c]

YESHIVAT BETH JOSEPH OF GRAIEWO
JERUSALEM ISRAEL
14 Polonsky St.
P.O.B. 5056   Tel. 26132

Rabbi BENZION BRUK Dean

COMMITEE:
Rabbi J. M. POMERANCE Brooklyn N.Y.
Rabbi S. BRODSKY Bronx N.Y.
Mr. GENACHOWSKY BROS Israel
GENACK BROS New York
Rabbi L. GOLDBERG Jerusalem
Rev. J. H. BLOOM Brooklyn
Mr. S. BIRNBAUM New York
Rabbi S. AMSTER Chicago ILL.
Mr. L. EISENSTAT Chicago
J. EISENSTAT Ramat Gan
KALMEN KAMINSKY Tel Aviv
JOSEPH KARNY Jerusalem
SHMUEL GLASER Tel Aviv
HARY LIPHSITZ Tel Aviv
B. RACHILSON Haifa
MISHKOWSKY Tel Aviv
A. YIGDAL Tel Aviv

ישיבת בית יוסף מגרייעווא

BANKKONTO: 1. BANK HADOAR NO. 12 526
2. BANK ISRAEL-BRITANIA NO. 1545-1

Nissan 5730-Apfil 1970

An die loebliche Leitung
der Juedischen Gemeinde
Augsburg
Salzgasse 5

SEHR GEEHRTE HERREN

WIR BEKOMMEN FAST TAEGLICH ANSUCHEN UM AUFNAHME VON
SCHUELERN AUS VERSCHIEDENEN LAENDERN.
UM DIESE ZAHLREICHE KANDIDATEN AUFNEHMEN ZU KOENNEN
BRAUCHEN WIR EINEN ZUBAU ZU DER YESHIVAH. MUESSEN DIE
KUECHE UND SPEISESAAL ETC. VERGROESSERN ETC.,

WIR WENDEN UNS AN SIE MIT DER BITTE UNS ZU DEN FEHLENDEN GELDMITTELN ZU VERHELFEN UM EINE DER WICHTIGSTEN
AUFGABEN ZU ERFUELLEN DIE HERANBILDUNG DER JUGEND.

WOLLEN SIE IHRE UNTERSTUETZUNG FREUNDLICHST DIREKT AN
UNSERE ADRESSE MIT DER BEMERKUNG " FUER DAS BAUKOMMITEE"
UEBERWEISEN. NACH EINGANG DER SPENDE WERDEN WIR IHNEN
EIN GRUENDUNGSDOKUMENT ZUSENDEN.

WIR DANKEN IHNEN IM VORAUS FUER IHRE GROSSE HILFE,UNSER
VATER IN HIMMEL MOEGE IHNEN UND IHRER FAMILIE SEGENSREICHE
JAHRE BESCHEREN.
MIT FRDL.GRUESSEN AUS JERUSALEM U.VORZUEGLICHER
HOCHACHTUNG
DIE LEITUNG:

RABBI SAMUEL SMUELY   RABBI BENZION BRUCK
SECRETEUR   PRESIDENT

Annäherungen

1968 – nur drei Jahre nach der vorsichtigen Aufnahme diplomatischer Beziehungen zwischen der jungen Bundesrepublik und dem jungen jüdischen Staat – reisten IKG-Präsident Julius Spokojny und Bischof Josef Stimpfle gemeinsam nach Israel. Die Reise führte zu Stätten der jüdischen und christlichen Religionsgeschichte und in die 1953 gegründete israelische Gedenkstätte für die Opfer der Shoa, Jad Vashem. Dank Spokojnys Kontakten kam es auch zu Begegnungen auf politischer Ebene – sechs Jahre bevor der deutsche Bundeskanzler Willy Brandt mit dem Vorsitzenden des Zentralrats der Juden in Deutschland, Werner Nachmann, nach Israel reiste. Nach seiner Rückkehr spendete Bischof Stimpfle einen bedeutenden finanziellen Beitrag zur Gründung eines Kinderheims in Israel.[70]

Rapprochement

In 1968, only three years after the cautious opening of diplomatic relations between the young West Germany and the young Jewish state, Julius Spokojny and Bishop Josef Stimpfle traveled together to Israel. They visited Jewish and Christian historical sites and the memorial site for the victims of the Shoah, Yad Vashem, founded in 1953. Thanks to Spokojny's contacts, they met with a number of Israeli political figures during their trip – six years before West German Chancellor Willy Brandt and Chairman of the Central Council of Jews in Germany Werner Nachmann undertook their own trip to Israel. After returning to Germany, Bishop Stimpfle made a significant donation to help found an Israeli home for children.[70]

Julius Spokojny und Bischof Josef Stimpfle im Gespräch anlässlich der Wiedereinweihung der Synagoge.
Julius Spokojny and Bishop Josef Stimpfle in conversation at the rededication of the synagogue. [# 9.3.1]

Bischof Stimpfle bei einer Israelreise vor einer Pflanzung des Jüdischen Nationalfonds, nach 1981.
Bishop Stimpfle at a Jewish National Fund planting center during a trip to Israel, post-1981. [# 9.3.2]

Aus unserem Bistum

Will man die Reise des Bischofs ins Heilige Land recht sehen und ihre volle Bedeutung erkennen, dann sind wohl vor allem zwei Aspekte zu betrachten und zu würdigen, die ihn dazu bewogen haben, der so ehrenvollen Einladung der Regierung von Israel Folge zu leisten. Einmal schon, aus seiner oft erwiesenen Verständigungs- und Hilfsbereitschaft zum Volk der Juden dieses in seiner Heimat kennen zu lernen und zum anderen, die selbstgewählte Aufgabe ganz zu erkunden, die ihm aus solchen Erkenntnissen — nicht zuletzt in der Sicht auf die Notwendigkeiten der christlichen Präsenz im Heiligen Lande — erwächst. Es empfiehlt sich also, klarzustellen, daß es bei diesem Bericht nicht darauf ankommt, die Reise chronologisch genau zu registrieren, wo überall der Bischof und seine Gäste auf des Alten Testamentes und Christi Spuren gewandelt sind, sondern darauf, dem ganzen Gehalt dieser Fahrt in das Land der Vielfalt Ausdruck zu geben, Eindrücke womöglich schlüssig werden zu lassen und darzustellen, in welcher Atmosphäre sich dieses alles vollzog.

Ein Beitrag zur Brüderlichkeit

Zweiter Bericht von der Reise unseres Bischofs durch Israel

Von Heinz Hagen

Allein schon das Maß von Vertrauen und Glaubwürdigkeit, das Bischof Josef ausstrahlte, schlicht und recht die Dinge beim Namen zu nennen und sein gütiges Herz mitsprechen zu lassen, schuf bei der vielen Art von Begegnungen mit hervorragenden Persönlichkeiten des Staates Israel und der christlichen Kirchen das sichere Gefühl, daß der Bischof auf dem richtigen Wege ist. Es waren durchaus nicht diplomatische Gespräche, bei welchen oft zwar viel geredet, aber meist recht wenig gesagt zu werden pflegt, sondern hier war der Bischof von Augsburg mit Männern der christlich-jüdischen Bewegung gekommen, um zu sagen, was ihm am Herzen liegt, und viel wohlverständliches Mißtrauen zu beseitigen, zu dem man bei den Israelis weiß Gott genug Anlaß hat.

In Yad Vashem, dem Mahnmal mit dem Gedenken an die Opfer des Nazismus aus zwanzig Konzentrationslagern, legte Bischof Dr. Josef Stimpfle einen Kranz nieder. Ihm zur Seite Präsident Julius Spokojny (Israelitische Kultusgemeinde Augsburg/Schwaben) und — rechts — Redakteur Heinz Hagen (Gesellschaft für christlich-jüdische Zusammenarbeit Augsburg). Im Hintergrund Benjamin Armon, der Leiter von Yad Vashem.

Wertvolle Begegnungen ...

Über den Besuch bei Religionsminister Dr. Zerah Wahrhaftig wurde bereits berichtet und ebenso über den bei der Hebräischen Universität, beim Institut für Zeitgeschichte und bei Yad Vashem, wo noch anderntags am Mahnmal der Bischof einen Kranz niederlegte und ihm wohl als einem der ersten von Vizepräsident Katz eine handgeschriebene Urkunde überreicht wurde, die ihn und seine Haltung würdigt. Wohl mit am eindrucksvollsten war das Gespräch mit Innenminister Pinchas Sapiro, einem Mann, der als deutscher Jude die meisten seiner Angehörigen in Vernichtungslagern verloren hat, vielleicht Grund genug, sich reserviert zu verhalten, dessen Vorbehalte der Bischof aber spürbar zu lockern vermochte, denn er sagte u.a., daß er sehr wohl wisse, wieviele religiöse Menschen in Deutschland alles getan hätten, um Juden zu retten und daß er eine Zeit erhoffe, in der Nächstenliebe und Glaube Frieden und Verständnis füreinander schaffen würden. „Wir müssen alles tun, daß nichts mehr geschieht, was geschehen ist", sagte er. Während Bischof Dr. Josef Stimpfle versicherte, wie sehr ihm die Arbeit an und mit der Jugend und ihre Bereitschaft, den Mitmenschen zu achten, am Herzen liege, nannte Präsident Spokojny der Israelitischen Kultusgemeinde Augsburg/Schwaben, dem dieses Gespräch trotz der Zeitnot des Innenministers zu verdanken war, diesen einen „Wahrer der Humanität" und betonte, daß die Gesellschaft für christlich-jüdische Zusammenarbeit in Augsburg und der dort gebildete Ausschuß für Humanitätshilfe einen Weg suchen würden, auch ihrerseits sich bei der Beseitigung der Folgen des Sechstagekrieges zu engagieren.

... und Gespräche

Daß Bischof Dr. Josef Stimpfle — in den letzten Jahren der dritte deutsche Bischof und seit der Gründung des Staates der erste, der nach Israel kam — auch mit einer Reihe von Persönlichkeiten der christlichen Gemeinschaften im Heiligen Lande Gespräche führte, war wohl selbstverständlich. So galt die erste Visite in Alt-Jerusalem dem Lateinischen Patriarchen Alberto Gori, einem liebenswerten Mann mit forschenden Augen hinter der goldenen Brille, mit dem sich unser Bischof in fließendem Italienisch über die Situation unterhielt. Patriarchalvikar Bischof Capugi der Griechisch-Katholischen Kirche, französisch sprechend, ist an Deutschland sehr interessiert; nach einem schlichten gemeinsamen Mittagstisch überreichte der temperament- und humorvolle Bischof seinen Gästen freundliche Gastgeschenke in Gestalt von Perlmutterkreuz und Rosenkränzen. Nun — wie ein Diplomat und der äußerst würdige Repräsentant seiner Griechisch-Orthodoxen-Kirche wirkte Patriarch Benedictos in der lebhaft englisch geführten Unterhaltung. Zuvor aber hatten wir ein trauriges Erlebnis, als in der schmalen Gasse vor dem Patriarchat eine arabische Christin unseren Bischof am Ärmel zupfte, und ihm, übersetzt von Professor Haag, sagte, soeben sei ein Bischof gestorben. Sie führte uns in ein ebenerdiges ärmliches Schreibgemach, in dem, von einem Herzschlag getroffen, einer der zwölf Bischöfe des Patriarchen tot am Boden lag, umgeben von griechischen Mönchen. Unser Bischof segnete den Verstorbenen, den wir dann nach dem Besuch im Patriarchat in einer schön ausgestatteten Kapelle aufgebahrt, eine Ikone in den Händen, noch einmal sahen und für ihn beteten. Schließlich waren wir noch beim Armenischen Bischof zu Gast, der uns — wie bei allen anderen Besuchen ebenfalls geschehen — mit Likör und türkischem Kaffee aufwartete. Auf dem Dormition der Benediktiner, gleich neben der Davidstadt und Davids Grab, trafen wir mit Abt Leo von Rudloff zusammen, einer feingeistigen Persönlichkeit. Mit in diesen Kreis der Begegnungen gehört auch die mit Pater Pierre Benoit in der Ecole Biblique, nahe beim Damaskus-Tor, dem mutmaßlichen Steinigungsplatz des heiligen Stefan, einer Biblischen Schule, gegründet von Pater M. J. Lagrange, wo 36 Studenten aus vielen Ländern in der so reichen und trefflich aufgegliederten Bibliothek ihre Studien betreiben. In der P. Schmidt'schen Schule mit ihren 450 arabischen Kindern unterhielten wir uns auch mit einer Reihe von Borromäerinnen aus unserer Di-

11/287

gessen auch das Gespräch mit P. Bruno Hussar, einem Dominikaner vom Maison Isaiah in Jerusalem, das vor allem die Problematik der christlich-jüdischen Verständigung aufzeigte.

Alt- und Neu-Jerusalem

Jetzt, wo nach dem vorigjährigen Sechstagekrieg die Grenzen zwischen dem israelischen Neu-Jerusalem — so bezeichnet, weil nahezu alle „Heiligen Stätten" und die meisten Kirchen der Christen, die heiligen Orte der Juden und die Moscheen der Mohammedaner im bisher von der israelischen Seite nicht zugänglichen alten Jerusalem liegen — und Alt-Jerusalem in seinem teils sehr starken orientalischen Baucharakter gefallen sind, ist es erst möglich, einen Gesamteindruck von Jerusalem zu erhalten. Da sind es die Kirchen der Christen, aneinandergebaut die der Orthodoxen, der griechischen und der lateinischen Katholiken über und um das Heilige Grab, in dessen nur ein paar Menschen Aufenthalt gewährendem Raum der Bischof die erste heilige Messe im Heiligen Land zelebrierte, da sind es der wuchtige Tempelbau und seine weiten von Säulenhallen umstandenen Vorhöfe, da ist es Davids Stadt und unten die Klagemauer der Juden, der Zionsberg, wo nun das David-Tor ebenfalls ungehinderten Zugang ermöglicht und da ist der Ölberg, der so viele der Erinnerungen an das Leben und die Trauer Jesu um diese Stadt Jerusalem wach werden läßt. Kaum vorstellbar auch, daß Calvaria damals außerhalb der Stadt gelegen ist, heute — inmitten vieler Häuser und nur noch markiert durch die Via Dolorosa — ganz zur Stadt gehörig — und, eben gar Tausende von Juden von „drüben" an der Klagemauer beteten und die Stadt bevölkerten, während Handel und Wandel blühten. Unvergeßlich alle die Eindrücke, die der Bischof und wir, seine Begleiter, dort empfanden — nicht zuletzt eben auf dem Ölberg, von wo aus sich der Stadtkomplex in einzigartiger Schau darbietet.

Israel — das Land der Zukunft

Über unsere Reise kreuz und quer durch das Land Israel, von vielen alttestamentlichen Stätten und solchen, wo Jesus weilte — übrigens ein verhältnismäßig enger Raum in diesem Land — wird noch zu berichten sein. Man kehrt aus Israel zurück mit einer solchen Fülle von Erlebtem und zu Durchdenkendem, daß man ein Buch darüber schreiben könnte, wenn es deren nicht schon so viele gäbe. Aber einiges darf doch schon jetzt gesagt werden. Zunächst — gebaut wird in Israel mit solcher Intensität wie kaum irgendwo anders. Gebaut wird im ganzen Land höchst modern, ja, man kann sagen, geradezu eigenwillig kühn und mit ausgesprochenem Sinn für eine wohlgefällige neue Form. Was wir auf einer über 2000-Kilometer-Autofahrt durch das ganze Land — mit Ausnahme eines Trips nach Elat ans Rote Meer — gesehen haben, ist schier unbeschreiblich. Ein besonderes Lob den vielen und gerade in der letzten Zeit entstandenen neuen ausgezeichneten Straßen, die dem gesteigerten Verkehrsanspruch gerecht werden. Eisenbahnstrecken gibt es nur wenige, weil sie sich auch kaum lohnen würden. Fast aller Verkehr geht — meist mit Bus und Lastfahrzeugen, darunter besonders zahlreichen Tanks, über die Straßen.

Und seine Menschen

Die Menschen dort? Ja, es mag doch ein bisserl schwerfallen, etwas ganz Bündiges in dieser kurzen Zeit des Sichkennenlernens auszusagen. Wie schon im ersten Bericht angedeutet, sie fühlen und bewegen sich spürbar als freie Menschen, ganz gleich aus welchem der über 70 Länder sie gekommen sein mögen, um hier ihre Heimat zu finden. Dazu aber kommt noch der unendlich gute Wille, mit dem sie sich ins Land eingeordnet haben, nicht zuletzt repräsentiert in den 225 Kibbuzim, auf die sich das Land in den ersten zwei Jahrzehnten nach der Staatsgründung stützen mußte, von denen aber ein großer Teil bereits lange vorher bestanden hatte. Repräsentiert aber auch durch jeden Arbeiter, ob arabischer oder jüdischer Herkunft, durch alle die Menschen, die vor allem in den Erziehungsaufgaben tätig sind, auf die sich alle Zukunft aufbaut. Und dies alles ist in so kurzer Zeit erstanden, das Neue, das dem Lande Existenz und womöglich Wohlstand sichern soll. Und es repräsentiert sich dieser einheitlich anzutreffende unbändige Wille, zu bestehen, aufzubauen, sicher zu leben und vor allem in Frieden zu leben, nicht zuletzt bei den für das Land Verantwortlichen im Knesseth, dem Parlament, und bei allen unermüdlichen Mitarbeitern in der Regierung. Bei alledem bedenke man, daß als stärkste Gruppierungen Juden und Araber miteinander auskommen müssen und drei monotheistische Religionen: Juden, Mohammedaner und Christen. Und man vergesse auch nicht das Sprachenproblem, das aber doch insoweit bereits gewaltige Fortschritte macht, als trotz aller Sprachenvielfalt ein so überragend großer Teil der Menschen dieses Landes das Hebräische beherrscht.

Herzlichster Wunsch

Bei jener Pressekonferenz, in der Bischof Dr. Stimpfle den oft recht harten Fragen der israelischen Journalisten Rede und Antwort stand, wurde seine Liebe zu dem Land immer offenkundiger. Seine Hoffnungen seien über Erwartung erfüllt worden. Er habe es überzeugend empfunden, daß Israel den Frieden will und alles tut, um sich mit seinen Nachbarn friedlich zu vertragen, und er habe gemerkt, wie die Israelis zusammenhalten, ganz gleich, aus welchem Land sie gekommen sein mögen. Israel, so sagte er, demonstriert der Welt, daß Eintracht und Zusammenhalt von seinen vielen Völkern möglich sind. Darin werde es zum Vorbild für die Welt. Mit seinem Wunsch zu ungestörtem Aufbau und Frieden verband er auch die klare Vorstellung seiner persönlichen Aufgabe als Bischof im Zusammenhang mit dieser Israelreise, über die noch einmal berichtet werden soll.

Bericht vor der Presse

„Sehen Sie meine Reise nach Israel als meinen bescheidenen Beitrag zur Verständigung zwischen der christlichen und der jüdischen Religion und zwischen dem deutschen und dem israelischen Volk an", sagte Bischof Dr. Josef Stimpfle nach seiner Rückkehr von seiner Reise durch das Heilige Land vor der Presse in Augsburg. Noch braungebrannter als nach seiner zweimonatigen Afrikareise und noch ruhiger, als es die Strapazen eines ungewohnten Klimas mit Sandstürmen bei 27 Grad Hitze und einer nachfolgenden Kältewelle, aber auch die letzte Beanspruchung durch ein höchst umfangreiches Programm erwarten ließen, stand der Augsburger Oberhirte zwei Stunden lang Rede und Antwort.

Vor Funk-, Fernseh- und Zeitungsvertretern gab Bischof Dr. Josef Stimpfle einen ausführlichen Bericht seiner Israel-Reise.

Anlaß seiner Reise, so sagte er, sei der Auftrag des Konzils an alle Bischöfe, in ihren Bistümern und darüber hinaus ein Klima der Begegnung zu schaffen. Es sei bekannt geworden, daß er sich gerade in Augsburg um eine Verständigung zwischen Christen und Juden besonders eingesetzt habe, und so kam es zur ersten offiziellen Einladung eines deutschen Bischofs durch den jungen israelischen Staat.

So waren auch die offiziellen Empfänge und Besuche bei Vertretern des Staates Höhepunkt der Reise. Mit dem Religionsminister wurden

Artikel aus dem „St. Ulrichsblatt" vom 31. März 1968.
Article from the "St. Ulrichsblatt" of March 31, 1968. [# 9.3.3]

Über die durch Präsident Spokojny vermittelte Reise des Bischofs nach Israel erschien in drei Ausgaben der Kirchenzeitung der Diözese Augsburg ein ausführlicher Bericht, der den freundlichen Empfang und die großen Aufbau- und Integrationsleistungen des jungen Staats hervorhob.

The bishop's trip to Israel, arranged by Julius Spokojny, was covered in an extensive report over three numbers of the Diocese of Augsburg's church newsletter. The report emphasized the friendly reception the bishop received and the young country's great progress in terms of development and integration.

Between Synagogue and Museum: The Augsburg Jewish Community

Die IKG Schwaben-Augsburg hat zu Ehren von Bischof Josef Stimpfle 1981 in Galiläa einen Gedenkhain gestiftet, wofür sie vom Jüdischen Nationalfonds diese Urkunde erhielt.
The IKG Swabia-Augsburg endowed a grove of trees in Galilee in honor of Bishop Josef Stimpfle in 1981, as certified by this document from the Jewish National Fund. [# 9.3.4]

Die Büste des Bischofs nebst Widmungstafel wurde im Auftrag der IKG von dem Münchner Bildhauer Elmar Dietz angefertigt und Josef Stimpfle zum 75. Geburtstag überreicht.[71] Sie wurde von der Diözese im Foyer des Haus St. Ulrich aufgestellt.
The IKG commissioned this bust of Bishop Josef Stimpfle and accompanying dedication plaque from the Munich sculptor Elmar Dietz and presented them to the bishop on his 75th birthday.[71] The diocese installed them in the foyer of the St. Ulrich House. [# 9.3.5 + 9.3.6]

Zwischen Synagoge und Museum: die jüdische Gemeinde Augsburg

Immer dabei

Gleich nach ihrem Abitur wanderte Ruth Melcer aus Augsburg nach Israel aus. Dabei nahm sie das Backgammon-Spiel mit, das sie im Alter von 15 Jahren beim ersten Familienurlaub in Israel als Andenken erworben hatte. Seit ihrer Rückkehr nach Deutschland wird es in Berlin benutzt.

Always There

Ruth Melcer emigrated from Augsburg to Israel immediately after her Abitur. She took with her the backgammon set she had acquired as a souvenir during her family's first vacation in Israel, when she was 15. Since her return to Germany, the set has been in use in Berlin.

Backgammon-Spiel von Ruth Melcer.
Ruth Melcer's backgammon set. [# 9.4.1]

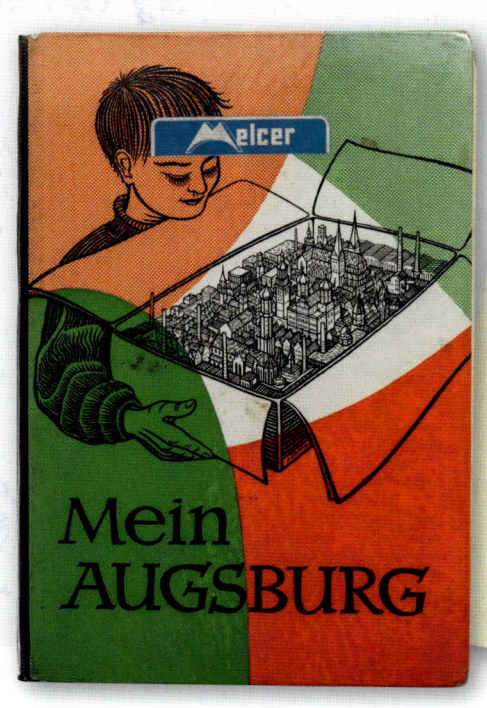

Im Osten und Westen steigen die Randhöhen fast jäh aus der Ebene auf. Von Friedberg schweift der Blick über Stätzling nach Schloß Scherneck, wo heute noch auf einer Gartenterrasse alte Kanonen wie in einem Museum stehen und auf das einstmals wehrhafte Augsburg gerichtet sind. Im Westen auf Schloß Wellenburg bewahren die Fugger den Namen und das Erbe ihrer großen Vorfahren. Hinter Stadtbergen ragt der Bismarckturm als beliebtes Wanderziel auf und weiter rechts das Wallfahrerkreuz auf dem Kobel.
Das Ganze ist das Bild unserer Heimat. Das solltest du in deinem Herzen tragen. Es ist ein köstlicher und reicher Besitz. Er gibt Freude und Kraft, besonders im Alter und in der Not. Jeder Mensch hat sein eigenes Bild der Heimat.

Das deine heißt:
„Mein Augsburg"

Das Kinderbuch „Mein Augsburg" aus ihrer Grundschulzeit hat Ruth Melcer auf allen ihren Umzügen begleitet.
Ruth Melcer kept the children's book "My Augsburg" as a memento of her grade school years. It accompanied her through all her moves. [# 9.4.2]

Tikwa = Hoffnung

Wer in den 1970er Jahren von Deutschland nach Israel zog, kam in ein Entwicklungsland. Zwar waren die Fortschritte seit der Staatsgründung 1948 gewaltig, aber Alltag und Lebensumstände unterschieden sich deutlich von denen in Westeuropa. Ohne finanzielle Unterstützung durch die Familie in Deutschland war eine Existenzgründung schwierig. Eine zusätzliche Hürde war die hebräische Sprache. Der Angriff der syrischen und ägyptischen Armeen am Versöhnungstag 1973 und der nachfolgende Jom-Kippur-Krieg bedrohten den jüdischen Staat existentiell. In Europa prägte damals Entspannungspolitik, europäische Integration und Friedensbewegung die öffentliche Debatte. Der Nahostkonflikt bestimmt bis heute die israelische Wirklichkeit.

Tikvah = Hope

Leaving Germany for Israel in the 1970s, one arrived in a developing country. Although Israel had made tremendous progress since its founding in 1948, the lifestyle and living standards were still quite different from those in Western Europe. Getting established was difficult without financial support from one's family in Germany. The Hebrew language was also an obstacle. The attack of the Syrian and Egyptian armies on the Day of Atonement in 1973 and the subsequent Yom Kippur War posed an existential threat to the Jewish state. Public debate in Europe at the time was shaped by the policy of détente, European integration and the peace movement. Israeli reality is dominated by the Middle East conflict even to this day.

Blick aus dem Fenster der ersten Wohnung von Ruth Melcer in Tel Aviv.
View from the window of Ruth Melcer's first apartment in Tel Aviv. [# 9.5.1 a]

Küche und Wohnzimmer von Ruth Melcer in Israel. Auf dem obigen Bild das Backgammon-Spiel, das sie bei ihrem ersten Israelbesuch 1972 als Souvenir mit nach Augsburg gebracht hatte.
Ruth Melcer's kitchen and living room in Israel. In the picture above, the backgammon set she had taken back to Augsburg as a souvenir of her first visit to Israel in 1972. [# 9.5.1 b + 9.5.2]

Zwischen Synagoge und Museum: die jüdische Gemeinde Augsburg

Ausweispapiere von Ruth Melcer aus Deutschland und Israel,
die eine doppelte Staatsbürgerschaft zeigen.
Ruth Melcer's identity papers from Germany and Israel,
proof of her dual citizenship. [# 9.5.3 a + b; 9.5.4 a + b]

Bescheinigung der israelischen
Armee für Ruth Melcer über ihre
Befreiung vom Wehrdienst.
Israeli army certificate exempting
Ruth Melcer from military service.
[# 9.5.5]

Between Synagogue and Museum: The Augsburg Jewish Community

„Assimon", israelische Telefonmünze der 1980er Jahre vor der Einführung von Kartentelefonen. Wenn man einen Nylonfaden durch die Öffnung in der Mitte zog, konnte man lange nach Deutschland telefonieren, ohne dass die Münze im Fernsprecher durchfiel.
An "asimon," or Israeli payphone token, from the 1980s before the introduction of telephone cards. By tying a string through the hole in the middle, one could make long calls to Germany without the token falling through into the coin box. [# 9.6.1]

Fremd im eigenen Land – oder in zwei Ländern zuhause?

Der Roman „Liskor we-Lischkoach" von Dan Ben-Amoz, auf Deutsch erschienen unter dem Titel „Masken in Frankfurt", war das erste Buch, das Ruth Melcer auf Hebräisch gelesen hat. Die deutsche Ausgabe lag in Augsburg auf dem Nachttisch ihres Vaters. Das Buch handelt von einem Überlebenden der Konzentrationslager, der 1959 aus Israel kurzzeitig in seine Geburtsstadt Frankfurt zurückkehrte, um dort einen Antrag auf Entschädigung zu stellen. Anders als die Figur im Roman, die sich für ein Leben in Israel entschieden hat, fühlen sich viele Juden und Jüdinnen, die nach 1960 in Deutschland aufwuchsen, beiden Ländern zugehörig.[72]

Foreign in One's Own Country – or at Home in Two Countries?

The novel "Lizkor lishcoah" ("To Remember, to Forget") by Dahn Ben-Amotz was the first book Ruth Melcer ever read in Hebrew. The German translation of the novel lay on her father's nightstand in Augsburg. It tells of a concentration camp survivor who leaves Israel in 1959 for a brief stay in Frankfurt, his birth city, where he intends to file a claim for damages. Unlike the character in the novel, who has chosen to make a new life in Israel, many of the Jews who have grown up in Germany after 1960 feel they belong to both countries.[72]

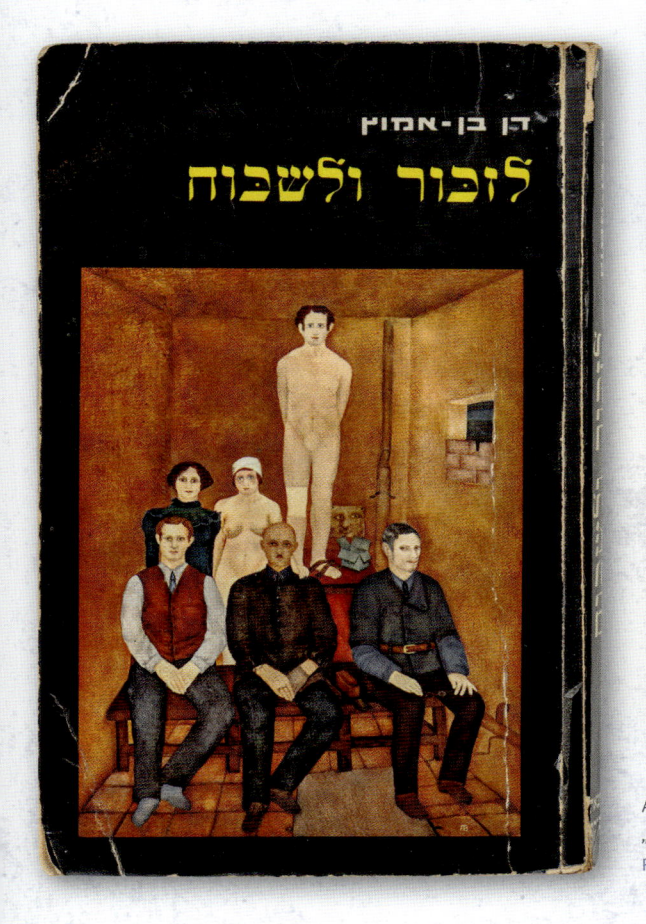

Viel Arbeit: Hebräisch-Deutsches Wörterbuch von Jacky Schenavsky.
A lot of work: Hebrew-German dictionary belonging to Jacky Schenavsky. [# 9.6.3]

Ausgabe des Romans „Liskor we-Lischkoach" von Ruth Melcer.
Ruth Melcer's copy of the novel "Lizkor lishcoah." [# 9.6.2]

89

Video-Interviews mit Zeitzeugen

Zusammengefasste Ausschnitte aus Video-Interviews mit Zeitzeugen

Dr. Iradij Neman, 1929 im Iran geboren und aufgewachsen, stammt aus einer Familie von Cohanim. Sein Großvater führte die Synagoge in Shiraz. Iradij Neman studierte Medizin in Frankfurt am Main und kam zu Beginn der 1970er Jahre über die Vermittlung von Julius Spokojny ans Augsburger Westkrankenhaus, wo er als Nierenspezialist wirkte. Innerhalb der IKG war er mehr als zwanzig Jahre im Vorstand der Gemeinde für Jugend und Finanzen zuständig.

Foto: Jüdisches Kulturmuseum Augsburg-Schwaben.

Wie kam es dazu, dass Sie von Frankfurt nach Augsburg zogen?
Dass ich nach Augsburg gekommen bin, liegt daran: Ich habe früher, Gott selig, Herrn Spokojny gekannt, weil ich auch in Frankfurt in verschiedenen jüdischen Institutionen war. Bei einer zentralen Tagung habe ich Herrn Spokojny kennengelernt und da hat er mir vorgeschlagen, ich solle nach Augsburg kommen.

Augsburg war Ihnen bis dahin unbekannt?
Ich war in Freudenstadt. Aber Freudenstadt hatte keine Juden gehabt und so habe ich gesagt: Nein, ich bleibe nicht in Freudenstadt. Obwohl Freudenstadt mir sehr gut gefallen hat. Das ist wirklich sehr schön und ich habe viele Erinnerungen an diese kurze Zeit. Ich habe dort viele Menschen kennengelernt, auch im Konzert, im Kurhaus und den Bürgermeister. Das war alles irgendwie Zufall gewesen und so habe ich gedacht, ja, was nutzt es Dir, wenn Du am Sabbat hier alleine sitzt und hast gar nichts. Und dann habe ich gesagt, in einer großen Stadt verliert man viel Zeit und in Frankfurt habe ich auch viel Zeit verloren. Und so habe ich mich entschlossen, nach Augsburg zu kommen und die Stadt oder das Krankenhaus hat die Wohnung gestellt. Ich bin am Abend hier gegen 21.00 Uhr eingetroffen und der Verwalter hat mich abgeholt, hat mir die Wohnung gezeigt. Am Sabbat war ich hier in der Synagoge, Herr Spokojny war nicht da, und die haben mich herzlich, wirklich sehr herzlich aufgenommen, ich war irgendwie sehr berührt. Besonders zu Jom Kippur. Jom Kippur war die kleine Synagoge total voll und in die Gänge hatte man auch Stühle gestellt. Das war total voll, es standen die Leute draußen, und mir hatte man sofort einen Platz zugeteilt, auch zur Tora und so. Wirklich sehr aufmerksam haben sie mich aufgenommen, ins Herz eingeschlossen und nach dem Jom Kippur, die Familie Melcer, wie gesagt, Herr Spokojny war nicht da, Familie Melcer hat mich dann gebeten, ich solle zum Fasten zu ihnen kommen und ich bin bei der Familie Melcer gewesen, das heißt, wir haben dort zu Abend gegessen, und ich muss sagen, immer wieder zum Sabbat bin ich zu verschiedenen Familien eingeladen worden und wenn die Familien auch irgendwie Probleme gehabt haben, sind sie, später auch zu mir gekommen. Irgendwie war es sehr familiär und für mich ein Verlust, als die teilweise gestorben sind und teilweise ausgewandert sind. Das ist bitter gewesen. Und bei Mitgliedversammlungen hat man mich auch eingeladen und ich bin gegangen und sie haben mich per acclamationem aufgestellt für den Vorstand.

**Wie hat damals, Mitte der 1970er Jahre,
der große Kultraum der Synagoge auf sie gewirkt?**
Als ich eines Tages in die Große Synagoge kam – nach Vereinbarung, dass ich die Große Synagoge sehe –, bin ich erschrocken, obwohl ich einige zerstörte Synagogen gesehen habe von außen, in Berlin. Und ich habe gesagt: „Nein, das gibt es nicht." Ich war sprachlos. Ich musste mich hinsetzen auf eine verkohlte Bank. Die Bänke waren teilweise aufeinander gestapelt, teilweise verkohlt. Die Wände waren verstaubt gewesen und der Raum war total leer, ausgeplündert gewesen, ebenso vor dem Orgelplatz, das war auch total leer, die Lampen teilweise zerbrochen, die Fensterscheiben waren genauso zerbrochen, es lagen tote Tauben auf dem Boden, es hat reingeregnet. Vieles ist durch meinen Kopf gegangen und ich habe gesagt, ich muss mich einsetzen, unbedingt, die Synagoge zu restaurieren und zu renovieren.

War das schon länger ein Thema?
Mir war das nicht bekannt. Als ich mit den Leuten geredet habe, haben die gesagt, wir haben immer das gleiche Wort. Wir haben sie nicht zerstört, die Gemeinde stirbt aus, wir haben kein Geld, wozu das angehen, was kümmern Sie sich darum? Mehrfach hat, seligen Angedenkens, Herr Spokojny mir gesagt, ja Sie sind der Jüngste, dann nehmen Sie sich die Schlüssel mit nach München, das war nicht einmal oder zweimal. Ich habe gesagt: nein, das ist unsere Aufgabe und unsere Pflicht. Das ist unsere Synagoge, das ist nach dem Großen Tempel und das muss in Ordnung kommen, das ist unsere Aufgabe, das müssen wir erledigen und an unsere Nachkommen weitergeben. Wir können es nicht, mir müssen. Gut, die Gemeinde ist zerstört, es ist eine Wunde da, die Wunde ist teilweise nicht verheilt, nicht vernarbt. Jeder ist gebrochen, seelisch, moralisch. Ich habe gesagt, da müssen wir ein Leben hineinbringen. Wir können nicht dicht machen und die Schlüssel nach München bringen.

Wie war die Unterstützung dafür durch die Stadt?
Wissen Sie, ich muss sagen, die Stadt hat eigene Sorgen gehabt. Stadt, Land und Bezirk haben nicht die Nöte, die Situation der Synagoge gekannt. Die haben das nicht gekannt und das war einerseits ein Problem und so war ich öfters bei denen, öfters. Ich kannte mich beim Ersten Bürgermeister aus, dem Zweiten Bürgermeister, bei Stadträten. Ich muss sagen, aus reiner Verzweiflung, die Füße von einem Bürgermeister habe ich geküsst und gesagt: Bitte, das ist unsere Aufgabe, die Synagoge zu renovieren und das ist absolut wichtig für uns. Wenn wir unsere Religion, das Judentum überhaupt pflegen und beten und wir leben hier, dann können wir nicht die Synagoge in einem solchen Zustand lassen.

Wie haben Ihre Arbeitskollegen auf diese Situation reagiert?
Als ich im ersten Jahr im Westkrankenhaus gearbeitet habe, wusste niemand und sogar mein Chef wusste nicht, dass ich ein Jude bin. Niemand wusste das. Nur durch die Zeitung, als es in der Zeitung stand, dass Iradij Neman im Vorstand ist, dann ist das aufgekommen und damals, als ich gesagt habe, die Synagoge ist ein Museum. Weil viele Menschen sie nicht kennen. Die sagen immer, sie gehen vor diesem eisernen Tor vorbei und wissen nicht, was hinter diesem eisernen Tor abläuft. Und das ist absolut wichtig und im Nachhinein habe ich ihnen auch gesagt, auch gesellschaftlich, wie das war, wie wichtig es gewesen ist, wenn der Herr Bischof Stimpfle, seligen Angedenkens, am Jom Kippur Abend in die Synagoge gekommen ist, oder am Jom Kippur Tag viele von der katholischen Kirche in der Synagoge waren. Das hat man gesehen an der Tracht, die sie anhatten. Und da habe ich ihm gesagt: Sehen sie, das ist Sinn und Zweck von unserer Synagoge. Das war auch ein Zündstoff, dass er gemerkt hat, was wichtig ist, gesellschaftlich, für die Synagoge. Und bedauerlich, bedauerlich, dass man, als diese verkohlten Bänke und alles so gewesen ist, nicht die Politiker hierher eingeladen, die Tore aufgemacht hat, um zu zeigen, was hier geschehen ist.

Video-Interviews mit Zeitzeugen

Gernot Römer, 1929 in Wuppertal geboren und dort aufgewachsen, kam 1974 als Chef vom Dienst der Augsburger Allgemeinen nach Augsburg; später war er Chefredakteur. Ende der 1970er Jahre begann er, intensiv zur jüdischen Geschichte der Stadt vor und nach 1933 zu forschen. Auf seine Anregung geht die Einladung an ehemalige jüdische Bürger nach Augsburg als Teil des Festprogramms der 2000-Jahr-Feier 1985 zurück.

Foto: Fred Schöllhorn, Augsburg.

Woher kam Ihre Motivation zur Beschäftigung mit der Geschichte von Juden in Augsburg?
Meine Beschäftigung mit der jüdischen Geschichte, das muss ich dann voranschicken, ist noch aus meiner Heimatstadt Wuppertal. Am 9. November, das heißt am 10. November 1938, hatte ich einen Termin bei meinem jüdischen Kinderarzt und als wir dort hinkamen, meine Mutter und ich, war dieser Arzt nicht mehr da. Meine Mutter, die schon ein großes Interesse an diesen Dingen hatte, hat nach dem Krieg dann festgestellt, wohin er gekommen ist. Ist er deportiert worden? Nein, das war nicht der Fall. Er hat Deutschland verlassen und ist dann in Südamerika einige Zeit gewesen. Ich habe dabei diese völlig demolierten jüdischen Geschäfte gesehen, das waren nämlich eine ganze Menge in dieser Hauptstraße in Wuppertal mit jüdischen Inhabern. Und das vergisst man nicht, wenn man das gesehen hat, also das ist dieses Jugenderlebnis. Es gibt da noch eine Geschichte, die noch zu meiner gehört. Meine Ferien habe ich schon als Junge, der noch nicht wusste, was Juden waren, immer in der Familie unserer Hausgehilfin in einem Dorf im Siegerland verbracht. Der Vater dieser Hausgehilfin war ein ausgewiesener Kommunist. Wenn ich im Sommer da hinkam, um die Ferien zu verbringen, dann schimpfte er auf Hitler. Seine Frau saß daneben und sagte: „Heiner, du redest dich um Kopf und Kragen." Aber der hat nicht aufgehört. Als er verhaftet werden sollte, hat die Dorfgemeinschaft ihn versteckt und der Polizist stand wohl auch auf seiner Seite. Jede Sommerferien im Krieg habe ich bei denen verbracht und immer, selbst schon vor dem Krieg, redete der auf mich ein, dass Hitler ein Verbrecher sei. Da habe ich es begriffen in dieser letzten Phase. In den letzten Kriegsjahren war ich mit der sogenannten Kinderlandverschickung im Sudetenland, in den Gebieten, die nicht von Bombern erreicht wurden. Unsere Fabrik war inzwischen in Trümmern in Wuppertal. Und da habe ich viele sogenannte Fremdarbeiterinnen gesehen, die da aus Lagern in der Umgebung – man sah, wo die Lager waren – immer in die Firma BBC, die dort eine Niederlassung hatte, getrieben wurden. Und dann habe ich gefragt: „Was sind das für Frauen?" Und dann verstummten die meisten Leute, es gab aber auch welche die sagten: „Ja, das sind arme Frauen, die sind verhaftet worden und müssen Zwangsarbeit leisten." Also das sind Eindrücke, die sich einem jungen Menschen einfach einprägen. Ich war in Essen als [1963 bis 1965] der Auschwitz-Prozess lief und in meinem Ressort lief die Berichterstattung des Auschwitz-Prozesses. Also es sind immer wieder Verbindungen zur Vergangenheit da und dann kommt ein entscheidendes Erlebnis in Augsburg. Als ich da zwei, drei Monate war, habe ich gedacht, ich muss mal wissen was in Augsburg los ist. In der Redaktion wusste das keiner, auch nicht mein Verleger und Freund Günter Holland und dann bin ich in die Synagoge gegangen und habe den Herrn Merin, das war damals der Geschäftsführer, gefragt: „Was war eigentlich in Augsburg?" und kriegte die Antwort: „Das weiß ich auch nicht." Ob er mich loswerden wollte, ob er es nicht sagen wollte, obwohl er es wusste, das vermag ich nicht zu sagen. Das ist an sich ein hochgeachteter Mann gewesen, mit dem ich später sehr gut ausgekommen bin, aber einem Journalisten soll man nicht sagen: „Das sage ich nicht." Dann fängt der an zu recherchieren.

Die meisten Mitglieder der jüdischen Gemeinde waren damals polnischer oder russischer Herkunft und konnten von der Vorkriegsgeschichte in Augsburg nichts wissen. Auf diese Auskunft hin fingen Sie an zu recherchieren. Wie haben Sie das gemacht?
Der Gemeindevorsitzende war der Herr Spokojny; zu dem bin ich als erstes gegangen. Ich kannte ihn bis dahin nicht und habe gesagt: „Erzählen Sie mir, was hier war." Und er sagte: „Wenn ich es wüsste, würde ich es ja liebend gerne tun." Also das war der zweite Anstoß. Und zu diesem Herrn Spokojny, der in der Stadt gar nicht sehr beliebt war: Er hatte gute Verbindungen, er hatte eine gut gehende Textilfirma, er hatte ein gutes Verhältnis zum Bischof, interessanterweise. Der hatte sich aber zum Ziel gesetzt, er will die Synagoge wieder aufbauen, das Gerippe stand ja. Dann sagte er: „Sie kennen bestimmt hier Leute von der bayerischen Regierung und wir fahren jetzt immer zusammen nach München." So bin ich mit ihm gefahren, ich habe da

nicht viel zu tun brauchen, ich kannte Leute und er sagte: „Herr Römer ist bei der Augsburger Allgemeinen, der wird sonst drüber schreiben, wenn Sie nicht wollen." Der ging ran. Ja, so habe ich das also miterlebt, bis ich eines Tages oder eines Jahres, ich weiß gar nicht mehr, welches es war, mir gesagt habe: „Schreibe mal an ehemalige Juden." Und so ging das weiter. Adressen habe ich bekommen, das war nicht so schwierig, weil in der Synagoge welche vorhanden waren. Und so hat sich das ausgeweitet. Die haben fast alle geantwortet. Es gab auch welche, die sagten: „Ich möchte nicht mehr an Augsburg erinnert werden." Aber von denen sind später einige meine besten Freunde geworden. Ja, ich habe hart arbeiten müssen, aber ich hatte eine wunderbare Frau, die die ganze Korrespondenz dann gemacht hat. Also wer schrieb, kriegte sehr schnell Antwort. Ich habe auch zu telefonieren begonnen, denn manche hatten einen Stempel darauf, da stand eine Telefonnummer. Und dann, ich weiß nicht mehr, wann das erste Jahr war, haben wir begonnen zu reisen, nach Amerika.

Sie haben dann die Leute besucht?
Ja, wir haben die Leute besucht. Es hat welche gegeben, aber nur ganz wenige, die nicht besucht werden wollten, die auch nicht erzählen wollten, weil sie, wenn ihnen die ganze Familie ermordet worden ist, dann tun sie sich schwer mit einem Deutschen. Meine Frau ist immer dabei gewesen. Und es sind viele Freundschaften daraus entstanden mit denjenigen, die gesagt haben: „Naja, der kommt aus der richtigen Ecke, der ist kein Nazi gewesen." Obwohl ich bei der Hitlerjugend war, das habe ich ihnen auch nicht verschwiegen, ich war nicht gern da, aber ich war da. Und die sagten dann wiederum anderen: „Ich habe ihm Eure Adresse gegeben."

Wie kam es zu Ihren zahlreichen Publikationen?
Ich habe mir nicht gesagt, ich will ein Buch schreiben, sondern ich will das, was ich inzwischen weiß, aufschreiben. Und es haben viele Leute gesagt, in meiner Bekanntschaft oder ich hatte Freunde, die gesagt haben: „Lass das." Also da war nicht nur eitel Freude, aber wenn ich etwas will, dann will ich es. Und so kam „Der Leidensweg der Juden" zu Stande. Die haben mir Beschimpfungen auf Teufel komm' raus eingebracht, aber eben auch von den Juden neue Adressen. In Israel bin ich möglicherweise erst nach dem „Leidensweg" gewesen und in Israel haben wir auch sehr viele Freunde.

Waren das offene Beschimpfungen, offene Kritik, dass Sie dieses Buch geschrieben haben oder war das versteckt?
Das sind dann meist Briefe oder so gewesen, oder anonyme Anrufe. Ich habe die Briefe aber nicht aufgehoben. Was interessiert mich das? Die flogen in den Papierkorb und damit hatte sich der Fall erledigt. Und da gibt es noch einmal ein Ereignis, das eine Rolle spielt in meinen Beziehungen zu den Juden. Als die Synagogenfertigstellung nahte und man sprach: „Ja, was machen wir? Das müssen wir feierlich einweihen." Da habe ich gesagt: „Ihr müsst als Erstes die Überlebenden einladen, die Adressen habe ich. Ich habe die alle." Die maßgeblichen Leute haben also gesagt: „Alle Adressen her. Wir laden ein."

Wie erinnern Sie sich an den Besuch im September 1985?
Es fand dann als Erstes natürlich ein Gottesdienst in der Synagoge statt, aber einen Gottesdienst darf man das gar nicht nennen. Der erste Redner war Ernst Cramer. Und Ernst Cramer stieg auf die Kanzel und begann seine Ansprache mit den Worten: „Hier vor mir hat mein Vater gesessen und dort oben auf der Empore ganz rechts saß meine Mutter." Da weinte die Gesellschaft bereits. Und er hat dann wirklich eine erschütternde Rede gehalten, aber würdiger kann man eine Synagoge nicht einweihen. Also ich habe mit allen ja eigentlich später einmal Verbindung gehabt und jeder hat gesagt: „Das ist ein Höhepunkt unseres Lebens gewesen, nach all dem, was wir erleben mussten." Denn als sie von hier vertrieben wurden, verloren sie ihre Existenz. Sie mussten also irgendwie eine Grundlage schaffen. Das ist wirklich ein großes Ereignis gewesen und in Augsburg sind dadurch auch viele Menschen überhaupt mit der jüdischen Gemeinde hier in Verbindung gekommen. Also ich meine, es sind wahrscheinlich noch nie in Augsburg so viele Tränen gleichzeitig vergossen worden, bevor dieser Wiedereröffnungs-Gottesdienst war oder diese Feierlichkeit. Die sahen das Haus wieder, in dem sie gelebt hatten, oder auch nicht, weil es durch Bomben zerstört worden war. Die sahen die Schule wieder. Viele von ihnen sind ja anschließend von den Schulen auch eingeladen worden, das zieht sich ja bis heute hin, aber auch bei diesem ersten Mal. Sie gingen da hin, sie sahen alte Freunde wieder. Nein, also das waren christliche Freunde, denn die hier lebenden Juden kamen in der überwiegenden Zahl ja aus Polen oder Russland. Und da haben sich unglaubliche Szenen abgespielt, auch die hier lebenden nichtjüdischen Freunde haben da die Tränen nicht zurückhalten können.

Wie waren die Reaktionen auf diesen Besuch hier in Augsburg?
Ich nehme auch an, dass die manchen Widerstand, den es vorher gegeben hatte – der Antisemitismus war bei vielen Leuten sicherlich geblieben –, dass sich das da gelöst hat oder der Besuch das auch gelöst hat. Man hat die Leute gesehen, es war schon eine nachfolgende Generation da, die sahen, meine Güte, das sind ja Leute wie meine Eltern oder wie meine Oma und so weiter. Also die haben unendlich viel Eis gebrochen und das hat sich ja daran gezeigt, dass eine ganze Reihe von Leuten dann öfter wieder gekommen ist. Es haben sich Freundschaften entwickelt. Das ist auch so ein Ereignis, das ich zu den eindrucksvollsten meines Lebens zähle.

Video-Interviews mit Zeitzeugen

Hans Breuer, geboren 1930 in Oberschlesien, kam als Vertriebener nach Augsburg und war ab 1956 für die SPD im Stadtrat. 1972 bis 1990 führte er als Oberbürgermeister die Belange der Stadt. In seine Zeit als OB fallen die Gemeindereform, der Niedergang der Textilindustrie und die Öffnung der Verwaltung zu einer bürgernahen Politik. Hans Breuer war maßgeblich an der Renovierung der Synagoge und der Einladung ehemaliger jüdischer Bürger aus Anlass der 2000-Jahr-Feier Augsburgs 1985 beteiligt.

Foto: Fred Schöllhorn, Augsburg.

Wie war das, als Sie nach Augsburg kamen?
Als ich nach Augsburg kam, 1946, da war es hier sehr zerstört und es war die Zeit des Aufbaus. Ich habe damals in der Neuen Augsburger Kattunfabrik gearbeitet, auch Geschichte inzwischen. Ich brauchte ja irgendeine Tätigkeit, bekam dort durch Zufall eine Lehrstelle, mit viel Glück, bei Wiederaufbauarbeiten, beim Ziegelputzen. Da war der damalige Generaldirektor der IHK auch dort gesessen und putzte Steine und wir kamen ins Gespräch und er fragte mich dann, warum ich als junger Mensch keine Lehre habe und ich habe gesagt: Ja, man bekommt keine Lehrstellen! Ich wusste nicht, wer er war, aber er hat mir dann die Lehre in der IHK besorgt und da konnte ich dort meine Lehrzeit machen und hatte dann zumindest einen abgeschlossenen Beruf.

Was waren die zentralen Herausforderungen Ihrer Amtszeit?
Ja, als ich '72 Oberbürgermeister wurde, war zugleich die Gebietsreform in Bayern und die Stadt Augsburg bekam die Städte Haunstetten und Göggingen und die Gemeinden Inningen und Bergheim, die eingemeindet wurden. Es begann eine neue Planung im größeren Augsburg. Das war die zentrale, zunächst die zentrale Aufgabe, die Eingliederung und die Schwierigkeiten, die Angst vor der großen Stadt und bei den kleinen Gemeinden der Verlust der Selbstständigkeit. Das musste ja alles überbrückt werden, das ging ganz gut. Und dann ging es weiter: Der Aufbau der Universität, den wir, wo wir konnten, unterstützten, es gab eine enge Zusammenarbeit gerade in der Zeit der Planung. Dann der Bau des Zentralklinikums war eine Jahrhundertaufgabe.

Welche Rolle hat die jüdische Gemeinde in der Stadt gespielt? Wie wurde sie gesehen?
Da muss ich sagen, die Einführung fand eigentlich durch das Drängen von Julius Spokojny statt. Er war ein unerhört reger Mensch. Manchmal konnte man fast sagen, er war aufdringlich. Wir hatten eine positive, enge, freundschaftliche Zusammenarbeit und er bezog mich in allen Dingen mit ein. Er informierte mich über alle Maßnahmen und das große Bindeglied dazu war Bischof Stimpfle, der das ebenfalls förderte, so dass wir eigentlich ein Dreigespann waren: Katholische Kirche, Israelitische Kultusgemeinde und Stadt Augsburg. Und Spokojny war ja eigentlich auch der Antriebsmotor der Wiederherstellung der Synagoge. Geredet wurde davon vorher schon viel, aber es kam nie was zu Stande, vielleicht lag es auch daran, dass die damalige jüdische Gemeinde in sich ein bisschen kontrovers war. Spokojny hat das mit Leidenschaft verfolgt und als er dann in den bayerischen Senat gewählt wurde, hatte er auch engere Verbindungen zu den bayerischen Ministerien und das gehört alles mit in die Waagschale geworfen.

Für die Auseinandersetzung mit der Lokalgeschichte waren die Ausstellung „Mein Augsburg" 1983 und die Restaurierung des im Krieg zerstörten Goldenen Saals im Rathaus wichtig.
Ja, das hing alles mit der Vorbereitung, der langfristigen Planung der Jubiläumsfeier '85 zusammen. Also Spokojny hat ja auch das Jahr '85 als Ziel gehabt, '85 müssen wir die Synagoge fertig haben, '85 muss der Goldene Saal fertig sein, hat die Stadt gesagt, und das waren alles Antriebsmotoren. Auch die politische Durchsetzbarkeit dieser Maßnahmen war relativ einfach, weil man das immer mit dem Stadtjubiläum begründete. Ich habe mich immer dagegen gewehrt, „Stadtjubiläum" zu sagen, ich habe gesagt, es ist ein Geschichtsjubiläum, wir feiern 2000 Jahre Geschichte und nicht Stadt Augsburg – von der römischen Siedlung bis zur heutigen Stadt. Und dadurch wurde erforscht, was passt alles oder was gehört alles zu der Geschichte und da spielte selbstverständlich das Dritte Reich eine Rolle. Das war die Zerstörung der Stadt, es war die Vernichtung der jüdischen Gemeinde, der Synagoge. Das kann man nicht verschweigen, das gehört zur Geschichte dazu. So kam dann die Idee, aus Anlass dieses Geschichtsjubiläums, weil sie Bestandteil der Augsburger Stadtgeschichte sind, ehemals jüdische Mitbürger aus aller Welt einzuladen und das war ein Problem, das haben wir nur geschafft durch die großartige Unterstützung und durch die Vernetzung und die Verbindung, die Herr Römer hatte. Als wir das anfassten, als wir damit begannen, waren wir sehr skeptisch, ob wir die Adressen zusammenbekommen. Wie werden unsere ehemaligen Mitbürger darauf reagieren, wenn wir sie einladen, aber zugleich darauf verweisen, dass wir für die Fahrtkosten nicht aufkommen können? Denn wir wussten ja nicht, wie viele kommen, woher. Wir haben nach Australien geschrieben, wir haben nach Amerika geschrieben, die haben nach Israel geschrieben, also all die Adressen, die wir hatten, von aller Welt her, das hätte unseren Etat weitaus strapaziert. Jetzt haben wir gesagt, die sollen eine Woche Gast sein. Wir prägten damals den Begriff „Woche der jüdischen Mitbürger" im Rahmen des Jubiläums.

Wie wurde das finanzielle Engagement für die Wiederherstellung der Synagoge aufgenommen? Gab es Widerstände gegen die Restaurierung?
Nein, nein: Also wir haben streng unterschieden. Natürlich gab es Meinungen, das ist in unserer pluralistischen Gesellschaft auch nicht anders möglich. Es gab also unterschiedliche Meinungen und da war eine zum Beispiel von der Sachaussage her: Das Kapitel der Wiedergutmachung, der finanziellen Wiedergutmachung ist abgeschlossen. Und wir haben großen Wert darauf gelegt zu sagen, das ist keine Maßnahme der Wiedergutmachung, sondern eine Maßnahme der Stadtgeschichte. Eine Maßnahme, wenn man sagt: Die Synagoge gehörte zu Augsburg, die Synagoge ist Bestandteil Augsburger Geschichte, sie wurde in den Kriegsjahren des 1. Weltkriegs errichtet, '14 bis '17. Und als sie '17 eingeweiht wurde, galt die Synagoge als eine der schönsten in Deutschland. Und die damalige jüdische Gemeinde, das las ich in den Unterlagen, hatte 1200 Mitglieder. Im Gegensatz zu den 300 zum Zeitpunkt der Renovierung. Ich weiß nicht, wie hoch die Zahl jetzt ist, aber wahrscheinlich ist sie höher durch Zuwanderung. Also wenn man es geschichtlich betrachtet, dass die jüdische Gemeinde die Kraft hatte, eine solche Synagoge in Kriegsjahren zu errichten, der Optimismus, der damit verbunden war, der Glaube an die Zukunft. Und tatsächlich auch das Aufstreben während der Weimarer Republik war ja großartig gewesen und wenn man sich heute vorstellt, innerhalb von 20 Jahren kam dann die große Wende der Vernichtung, unvorstellbar. Also das ist schon ein zentraler Punkt, der es wert war, dass man ihn geschichtlich besonders herausstellt. Man sah es vielleicht nicht ganz so, wie ich es jetzt formuliere, aber es gab keine Widerstände, es gab nicht Proteste oder irgendwas. Ich meine im Gegensatz dazu hatten wir heftige Auseinandersetzungen in der Stadt Augsburg mit Bert Brecht. Den wollte man nicht so gern als Teil der eigenen Geschichte sehen. Das war eben das Spannungsfeld des Kalten Kriegs. Man sagte also, Brecht sei Kommunist, damit war er geächtet von jenen, die ihn hier bekämpften.

Es war absehbar, dass die renovierte Synagoge für die Gemeinde zu groß sein würde.
Da kam dann auch die Idee der Stiftung. Man sagte also, es müsste nicht nur eine Synagoge sein, sondern es müsste zugleich ein kulturelles Zentrum sein. Wer die Idee ursprünglich formulierte, das kann ich nicht sagen, aber ich weiß nur, dass wiederum Spokojny sie sehr unterstützt hat. Es war ja die große Sorge, wenn überhaupt Kritik aufkam, dann nicht gegen die Maßnahme selbst und das Verhältnis zur jüdischen Kultusgemeinde, sondern die Frage des Unterhalts. Wer wird die Synagoge unterhalten? Dass sie dann sozusagen als renovierte Ruine dasteht, das war die sachliche Befürchtung, die aber nichts zu tun hatte mit einer Ablehnung, sondern es war die Frage: Macht Euch Gedanken darüber.

Video-Interviews mit Zeitzeugen

Wie haben Sie das Jahr 1985 in Erinnerung, die Feierlichkeiten zu 2000 Jahren Geschichte?
Es war ein Non-Stop-Jahr. Ich kann mich nicht daran erinnern, dass ich einen Tag frei hatte, einschließlich Wochenende. Es gab laufend etwas, es war immer wieder etwas, aber gut das hat man gewollt, das war langfristig geplant und das hat man nicht als zusätzliche Belastung empfunden. Wenn ich mir vorstelle, wir haben damals das ganze Jubiläumsjahr mit eigenen Kräften in der Stadtverwaltung und dem damaligen Referat für den Oberbürgermeister gemacht, da würde heute ein Stab von Mitarbeitern tätig sein. Ich bin meinen Mitarbeitern sehr dankbar gewesen, dass die ja wirklich auch nachts gearbeitet haben. Das war eine großartige Sache. In der Erinnerung und in der ausstrahlenden Bedeutung würde ich sagen, war die Woche der jüdischen Mitbürger mit dem Erlebnis der Eröffnung der Synagoge eines der prägendsten Ereignisse. Sie sind mit ehemaligen Bürgern zusammengekommen, die, um ihr Leben zu retten, die Stadt verlassen mussten. Viele waren zum ersten Mal wieder da, überhaupt die 120 Menschen, die geistige Auseinandersetzung, wie begegne ich ihnen? Sie sollen nicht das Gefühl haben einer gönnerhaften Sache oder Mitleid, nein, sondern das als Selbstverständlichkeit darzubringen. Wie wird die andere Seite sein? Und ich kann heute aus Erfahrung, aus dem eigenen Miterleben sagen, die Empfindungen auf beiden Seiten waren eigentlich identisch. Freude und Trauer bei den ehemaligen jüdischen Mitbürgern, die nach Augsburg kamen. Trauer, dass sie die Stadt verlassen mussten, Trauer über die Erinnerung, Trauer über den Verlust von Freunden und die Wiedersehensfreude mit der alten Heimat. Diese beiden Sachen sind auch immer wieder zum Ausdruck gekommen. Und das war ein menschliches Erleben und auf meiner Seite war es zu sagen: Liebe Leute, wir haben Sie nicht aus Wiedergutmachung eingeladen, sondern als Bekenntnis zur Geschichte – Ihrer und unserer Geschichte.

Es gab ja nicht nur Freude, sondern auch noch viele offene Wunden und viel Empfindlichkeit.
Aber das ist ja verständlich. In den Briefen, die ich nachher erhielt, ich habe da einige in Erinnerung, die mich so bestärkten, die sagten, da hast du eine gute Tat gemacht. Die schrieben zum Beispiel, wir hatten schreckliche Erinnerungen an die Stadt und wir reisten ab mit dem Gefühl, die Stadt ist anders. Der letzte Eindruck ist immer der Bleibende und wenn man also ein schreckliches Erlebnis hatte, wie sie es hatten, oder wie sie es erleben mussten, dann ist das, wenn man dann das Gegenteil erfährt, schon besonders prägend. Wir sehen jetzt in der Replik die positiven Seiten, die Wirkungen, die insgesamt auch positiv waren, aber wir haben auch auf unsere Einladungen Briefe bekommen, wenn wir der Stadt nicht mal das Fahrgeld wert sind, dann verzichten wir auf diese Geste. Es wurden schon deutliche Worte auch gesagt, nicht alle waren angetan davon, dass sie eingeladen wurden, aber die, die da waren, das war immerhin eine erhebliche Zahl, bei denen hat die Maßnahme positive Resonanzen ausgelöst.

Wie viele andere auch, sind Sie nach dem Krieg erst nach Augsburg gekommen. Wie haben die Augsburger auf Sie gewirkt? Wie ging man in Augsburg mit der Modernisierung der 1970er und 1980er Jahre um?
Die Augsburger habe ich von Anfang an so wahrgenommen: Sie waren gute und interessierte Bürger. Wir haben das erste Beispiel, das erste Lehrbeispiel, das ich miterlebt habe, wo ich auch noch mitwirken konnte als ganz junger Stadtrat, das war damals die Bebauung des jetzigen Rathausplatzes, als das ehemalige, im Krieg zerstörte, Börsengebäude abgerissen wurde und dann Pläne für einen Neubau da waren. Da gab es geradezu einen Volksaufstand. Egal, wo sie hingingen, ob das Verwandte, Bekannte oder sonst jemand war: „Bist du für oder gegen den freien Rathausplatz?" Das war eine große Auseinandersetzung und die Augsburger haben sich in diesen Dingen sehr stark engagiert. Sie waren in Augsburg selbst gegen Maßnahmen der Politik, egal, was wir machten, vorsichtig. Sie waren nie überschwänglich begeistert, sondern, wenn sie nichts gesagt haben, war das sozusagen ein höchstes Lob. Aber wenn sie Augsburger im Ausland trafen oder auswärts und sie hörten die, dann war Augsburg der Nabel der Welt. Was wir in Augsburg alles hatten. Da kam der Stolz auf die Stadt sehr zum Ausdruck. In der Stadt selbst war immer die Zurückhaltung Trumpf. So sind sie.

Video Interviews with Eyewitnesses

Simon Schenavsky, 1951 geboren, wuchs in Augsburg auf und machte 1971 das Abitur am Holbein-Gymnasium. Seine Eltern stammen aus der Nähe von Kattowitz und überlebten als polnische Juden den Holocaust. Als Jugendlicher engagierte sich Simon Schenavsky bei der Zionistischen Jugend in München. Während seines Studiums gründete er von dort aus die Augsburger Ortsgruppe der ZJD.

Foto: Jüdisches Kulturmuseum Augsburg-Schwaben.

Wie erinnern Sie sich an die prägenden Jahre am Ende der Schulzeit?
Eine revolutionäre Zeit war diese Zeit. Es war der Sechs-Tage-Krieg, der in meinem Selbstbewusstsein sehr viel getan hat, aber auch im Bewusstsein der deutschen Bevölkerung. Man wurde plötzlich auf die Schulter geklopft und es wurde gesagt, was ich jetzt wieder Tolles geleistet hätte in diesen sechs Tagen des Sechs-Tage-Kriegs. Ich musste jeden Tag einen Bericht vor der Klasse abgeben, was jetzt am letzten Tag gewesen ist. Und das hat schon dazu beigetragen, mein Selbstbewusstsein zu erhöhen in diesem Punkt, weil vorher hatte ich eine sehr unterkühlte Beziehung zu all den Dingen, schwierige Lehrer zum Teil, die aus der Nazi-Zeit stammten und noch von ihren alten Nazi-Geschichten erzählt haben. Und der Sechs-Tage-Krieg war ein bisschen so ein Wendepunkt in dieser Geschichte, außerdem war ich schon seit 1965 raus aus Augsburg gekommen, mit der ZJD auf Sommerlager, Winterlager und Ähnliches und habe dann ein bisschen was anderes gesehen außer Augsburg. Und das hat auch dazu beigetragen, dass mein Blick sich etwas geweitet hat über die Stadtgrenzen von Augsburg hinaus.

Hatten Sie 1967 familiäre Beziehungen nach Israel?
Die Familiengeschichte gibt es nur sehr peripher, über ein Erlebnis, wo Onkel und Tanten, '48 nach Israel ausgewandert sind und dann wieder zurückgekommen sind. Das jüdische Bewusstsein war sicherlich da durch die Erziehung im Elternhaus. Aber die Erziehung zum Selbstbewusstsein, dessen was man eigentlich ist und was man darstellt, und dass man sich nach außen auch anders darstellen muss: Nicht dieses „Pass auf Dich auf und sage nichts Falsches" und „Halte Dich im Hintergrund" und all diese Dinge, das ist mit dem Sechs-Tage-Krieg gekommen und mit der studentischen Revolution, die sich in dieser Zeit dann zusammengebraut hat und die dann bis zu meinem Abitur auch angehalten hat – die praktisch eine sehr politische

Zeit war, eine politische Zeit in dem Sinne, dass täglich der Unterricht in vielen Fächern, vor allem in Deutsch, Sozialkunde sehr politisch war und sehr viele Flugblätter verteilt wurden vor der Schule, in der Schule verbotenerweise, und die Diskussionen über alle möglichen Dinge, die sich da getan haben, angeregt hat. Es haben sich in Augsburg auch gewisse Kreise gebildet wie der Republikanische Club gerade hier nebenan von der Synagoge, wo sich die Ableger des SDS [des Sozialistischen Deutschen Studentenbunds] für Augsburg gesammelt haben. Und es war die Zeit der Notstandsgesetze und all dieser Dinge, die sich auch auf dem politischen Gebiet im Land getan haben. Große Koalition, dann die Wende mit Willy Brandt und die Öffnung nach Osten, neue Ostpolitik, das sind alles Dinge, die praktisch in dieser Stadt sich auch abgespielt haben.

Wie standen Ihre Eltern zu Ihrem politischen Interesse? Gab es deswegen Konflikte?
Nein, in der Zeit ist natürlich auch bei meinen Eltern, die ja dann schon eine ziemlich lange Zeit in Deutschland gelebt haben nach dem Krieg, auch eine gewisse Öffnung, eine gewisse Veränderung in ihrem Bewusstsein eingetreten. Aber die Leute haben sich nicht sehr stark mit Politik auseinandergesetzt. Durch ihre Geschichte haben sie sich 24 Stunden in ihre Geschäfte vertieft und wollten von den anderen Dingen nicht belastet werden. Gut, Nachrichten war ein Muss. Die Tagesschau jeden Tag um acht war praktisch gesetzt, da hat alles andere stillzustehen gehabt. Also das ist schon klar, dass man natürlich weiß, was sich in der Welt tut und was sich in seiner Umgebung tut, das war auch schon im Bewusstsein. Aber wenn ich einmal so die Weiterungen sehe, meine Eltern hatten hier einen Freundeskreis, der sich aus der jüdischen Gemeinde ergab und nicht in der Umgebung der anderen Augsburger, die sich hier bewegten. Das ist nicht so wie heute, dass man zu Veranstaltungen geht, einen Freundeskreis hat, der

sich auch etwas weitet und nicht nur sich innerhalb des Jüdischen beschäftigt. Es gab Gemeindepolitik, das war natürlich immer diskussionswürdig, vor allem am Samstag in der Synagoge.

Hat die religiöse Tradition in Ihrem Leben eine Rolle gespielt?
Man muss wissen, dass meine Eltern und auch die anderen, die hier in Augsburg waren, aus sehr religiösen Häusern Polens oder Schlesiens oder dieser ganzen Gegend stammten. Die hatten alle eine sehr religiöse Erziehung genossen, die sie versucht haben, an ihre Kinder weiterzugeben. Was nicht sehr einfach war, weil man in einer anderen Umgebung lebte als in dem kleinen Städtchen irgendwo in Polen, wo das eine geschlossene Gesellschaft war. Hier war man natürlich in einer anderen Umgebung. Ja, die jüdischen Feiertage wurden eingehalten, an den jüdischen Feiertagen war das Geschäft geschlossen, am Samstag war das Geschäft geschlossen, das wurde schon gelebt, das Judentum hier. Später gab es Probleme mit der Schule an jüdischen Feiertagen. Eigentlich war man befreit, aber man wollte ja auch nicht immer auffallen, also hat man sich auf die hohen jüdischen Feiertage, also Rosch ha-Schana und Jom Kippur, beschränkt und an den anderen Feiertagen sind die Älteren, also mein Vater, dann auch in die Synagoge gegangen, beziehungsweise später haben die auch manchmal auf uns gewartet, dass wir aus der Schule kommen, und haben dann das Gebet fortgesetzt.

Hatten Sie sehr religiöse Klassenkameraden aus christlichen Familien?
Ich glaube nicht. Ich muss sagen, ich hatte Freundschaften, die sich auf die Schule beschränkt haben, aber außerhalb der Schule gab es da nicht viel. Ich habe von katholischen Religionslehrern sehr schlimme Dinge mitbekommen und habe mich deshalb aus diesen Dingen völlig herausgehalten. Und man hat sich in den Beziehungen auf das Schulische und das Abarbeiten des Schulischen mehr oder weniger beschränkt. Ich hatte einen guten Freund, Dov Kleszewski, mit dem war ich zusammen in der ZJD. Wir sind zusammen weggefahren, faktisch jedes Wochenende nach München, wenn es ging, oder nach Frankfurt, und dann waren wir eben zu den Zeiten, wo man sich gesellschaftlich hier betätigen konnte, einfach nicht da. Ich bin in der ZJD sozialisiert worden, auch was Beziehungen betrifft, was Freundschaften betrifft.

Sie sind nach dem Abitur nach Israel gezogen und dann zurück nach München, um dort Architektur zu studieren. An den freien Wochenenden galt Ihr Engagement dem Aufbau einer Jugendgruppe der ZJD hier in Augsburg.
Es gab dann eine Generation im Alter meines Bruders Jakob, die zahlreich war, so dass wir zwischen fünf und zehn regelmäßig hier versammeln konnten in diesem Gebäude und eben am Samstagnachmittag hier uns versammeln konnten. München war mit genügend Jugendleiterkräften versorgt, da hat meine Heimatseele geschlagen und ich habe mir gedacht, dann machen wir das eben in Augsburg. Und habe versucht das, was ich in der ZJD mitbekommen habe, ebenfalls an diese Jugendlichen zu übertragen, ihnen beizubringen zu diskutieren, auch Spaß zu haben und sie auch mitzunehmen auf die verschiedenen Veranstaltungen der ZJD. Zur damaligen Zeit hat der Landesverband beschlossen, einen hauptamtlichen Jugendleiter anzustellen, der sich um die Gemeinden insgesamt gekümmert hat. Und diese Jugendleiter wurden von der ZJD gestellt. Und so hat die ZJD mit Hilfe des Landesverbands auch in anderen Städten, Regensburg, Nürnberg, Würzburg, Straubing entsprechende Jugendgruppen aufgebaut. Die Veranstaltungen kann man, glaube ich, in der Ausstellung zum Teil sehen.

Es war die Zeit, in der eine neue Generation auch überregional zusammenkam?
Irgendwann in dieser Zeit hat die ZJD ein Haus in Frankfurt gekauft und dieses Haus zum ZJD-Haus gemacht. Dort wurden Zentralveranstaltungen für ganz Deutschland veranstaltet, auch Weiterbildungen für Jugendleiter, Veranstaltungen der jährlichen Treffen der Delegierten, alles das fand dort statt. Und dann war man natürlich in Frankfurt und dort war Ende der sechziger Jahre der große Aufruhr. Wir sind dann nach den Veranstaltungen immer zum Happening gegangen, um uns anzuschauen, welche Häuser jetzt mal wieder besetzt sind. Und haben das so richtig hautnah miterlebt, die Straßenschlachten, die sich zwischen der Polizei und den linken Aktivisten dort abgespielt haben. Das war Frankfurt. Der Keim aller Dinge damals. Das war so politisch, dass wir sogar nach Ostberlin gefahren sind, um die jüdische Gemeinde dort als ZJD zu besuchen mit Herren, die in Lederjacken da saßen, von denen man genau wusste, wen sie vertreten. Und die Vertreter der jüdischen Gemeinde durften wahrscheinlich nur bestimmte Dinge sagen. Also, so weit ging die politische Arbeit. Aber die damalige Zeit war eine sehr politische Zeit und hat ziemlich viel geprägt, für alle Leute, die dabei waren.

Wie haben die Leute reagiert, wenn Sie, wie hier in Augsburg 1978, als ZJD an die Öffentlichkeit gegangen sind?
Ach, die Leute haben positiv reagiert. Diskussionen gab es natürlich, es gab immer wieder Leute, die sich am Rande dieser Veranstaltungen bewegt haben, die rechtsradikales Gedankengut gehabt haben, die dann angefangen haben zu diskutieren. Die Polizei war immer anwesend, also es war schon so, dass man diese Diskussionen hatte, aber das war damals die Minderheit. Also das waren keine irgendwie relevanten Dinge. Das wurde von uns als ewig gestrig abgebucht und dann war es auch schon gut. In der Mehrheit haben wir positive Resonanz auf diese Veranstaltungen in der Fußgängerzone gehabt, die ja heute sich fortsetzen im Israel-Tag und ähnlichen Veranstaltungen, die es heutzutage gibt. Aber das waren die Anfänge von solchen Veranstaltungen, wo man mehr an die Öffentlichkeit gegangen ist, wo man herausgegangen ist aus dem Hinterhof. Dieser Hinterhofgedanke: Wir schließen uns hier in dem Hof ein und dann wird es gut sein. Sondern, dass man sich auch öffentlich zeigt und zu dem bekennt, was man ist, nämlich Jude in Deutschland. Und das auch hier erleben kann, jemanden, der einen – der nicht einen Staat vertritt, aber der einen Staat unterstützt, der ein jüdischer Staat ist.

Sie waren als Mitglied der ZJD auch auf internationalen Tagungen, z.B. in London. Wie reagierten die anderen darauf, wenn man aus Deutschland kam?
Ja, wir sind auf internationale Seminare gefahren, einmal im Jahr dann zu einer gewissen Zeit und die Atmosphäre

war sehr reserviert. Da wurde mir das erste Mal bewusst, wie das von Juden außerhalb Deutschlands gesehen wurde, die nicht verstanden haben, warum wir in Deutschland überhaupt leben. Wie man nach dem, was passiert ist, überhaupt in Deutschland sein kann. Nachdem ich damals schon eine Führungsposition hatte, musste ich auf diesen Seminaren auch Vorträge halten oder Unterricht geben oder Diskussionen leiten. Es gab Leute, die sind rausgegangen bei diesen Diskussionen, wenn ich sie geführt habe. Und es gab immer Worte darüber. Man musste sich rechtfertigen dafür, dass man in Deutschland lebt.

Hat Sie das gekränkt?
Nein, es greift einen nicht an, weil ich ja selber auch nicht verstanden habe, warum meine Eltern nach dem Krieg in Deutschland geblieben sind. Also hatte ich immer ein Argument: „Ich verstehe es ehrlich gesagt auch nicht, aber ich lebe jetzt nun mal da und ich kann nicht fliehen. Ich habe nur die Absicht, anderswo zu leben, aber Ihr müsst schon verstehen, dass ich da hineingeboren bin." Aber es war schwierig zu verstehen. Meine Eltern haben Freunde gehabt, die dann in Israel oder in Amerika gelebt haben, die sind nicht nach Deutschland gekommen, um sich hier mit meinen Eltern zu treffen. Die haben sich in Österreich getroffen, ja, komischerweise in Österreich. Oder in der Schweiz oder in Italien im Sommerurlaub, aber nach Deutschland sind sie nicht gekommen. Und wenn meine Eltern mal irgendwo hingefahren sind und nicht auffallen wollten, dann haben sie gesagt, sie wohnen in Österreich, sie wohnen nicht in Deutschland.

Was bedeutet Ihnen Israel?
Mein Sohn, einer meiner Söhne wohnt in Israel, es ist ein Austausch da. Wir waren oft da, man kennt das Land. Ich habe Freunde dort, der Herr Kleszewski wohnt dort. Wir sind regelmäßig in Kontakt und es besteht eine sehr starke Verbundenheit mit Israel. Aber ich bereue es nicht, dass ich hier geblieben bin, sondern ich bekenne mich dazu, dass ich diese Entscheidung getroffen habe und bin mit dieser Entscheidung zufrieden.

Haben Sie den Eindruck, die Jugendarbeit heute ist anders als vor vierzig Jahren?
Nein, die Jugend ist anders geworden. Die ist bei weitem nicht mehr so politisch wie das damals war. Wenn ich sehe welche politische Bildung meine Kinder in der Schule bekommen haben und was wir gemacht haben, da sind Welten, die dazwischen sind. Das liegt an der Zeit, an den Dingen, den Randbedingungen. Es gibt die Bedrohung nicht mehr aus dem Osten, dann ist man nicht mehr in dieser angespannten Lage, wo man weiß, dass praktisch zwei Stunden von hier die Grenze ist. Man hat sich damals auseinandergesetzt mit den politischen Systemen, mit dem Marxismus und all diesen Dingen von A bis Z, rauf und runter konnte man das und das war Teil der Schulbildung und das ist es halt heute nicht mehr. Und die Leute leben in einer viel konsumreicheren Gesellschaft, die Jugendlichen, als das damals war. Wir haben uns alles vom Mund abgespart, dass wir uns irgendwelche Dinge leisten konnten. So nach Frankfurt fahren, das war ja nicht so einfach oder auch nach München fahren. Das hat ja alles Geld gekostet, das musste man verdienen, das musste man irgendwie herbringen, um sich die ZJD auch leisten zu können.

Es gibt aber noch Pauschalurteile und einen hässlichen Antisemitismus.
Zum Teil sicherlich, aber man muss unterscheiden. Wir haben hier eine große Migrationsbevölkerung. Und die Bildung dieser Migrationsbevölkerung ist jahrzehntelang vernachlässigt worden. Die leben in ihrem eigenen, geschlossenen Kreis und bilden sich da Meinungen und nur so kann es zu so Demonstrationen kommen wie jetzt während des Gaza-Kriegs. Was immer wieder von Israel-Seite und von der Seite der jüdischen Gemeinde einfach gesagt werden muss, ist, dass die Berichterstattung zum Teil in den Medien sehr einseitig ist und das sind dann keine Migrationsschichten, sondern das sind die meinungsbildenden Schichten. Es gab einen bösen Kommentar jetzt in der „Süddeutschen Zeitung" während des [Gaza-]Kriegs, der sich auf drei Spalten damit beschäftigt hat, wie unverhältnismäßig es ist, dass es 1500 Tote in Gaza gab auf der arabischen Seite und auf der israelischen Seite nur 50. In der „Allgemeinen Jüdischen Zeitung" stand ein sehr guter Kommentar: Bitteschön, was soll Israel machen, damit es verhältnismäßig wird. Soll jetzt Israel seinen Iron Dome abschalten, damit ein paar mehr umkommen, damit es dann wieder im richtigen Verhältnis ist? Was ist das denn für eine Argumentation? Man muss gegen diese Verselbständigung von Argumenten angehen, weil die einfach den Antisemitismus fördern. Und man muss einfach dem ins Auge schauen, dass Israel und Juden sehr oft und immer als eines gesehen wird. Ich weiß auch nicht, ob man es unbedingt unterscheiden muss, aber man kann nicht immer alles in einen Topf werfen.

Die Ausstellung werden auch viele junge Leute sehen, vor allem aus Augsburger Schulklassen. Wenn Sie zurückdenken an Ihre Jugend und Ihre Entscheidungen: Was würden Sie den Jungen von heute sagen?
Ach, mit dem nötigen Bewusstsein durch die Welt gehen. Sich bilden, bilden und nochmal bilden. Die Zeit verwenden auch mit den heutigen Medienangeboten. Es muss nicht unbedingt ein Buch sein, ich verstehe, das ist heute anders, aber man kann sich bilden und man kann in die Geschichte zurückschauen und die Schlüsse daraus für sich selber ziehen. Und ein unabhängiges, eigenes Urteil bilden und unterschiedliche Meinungen hören, um sich selbst eine Meinung bilden zu können.

Man muss sich engagieren, so schlecht die politischen Parteien sind, so schlecht die jüdische Gemeinde in Augsburg oder in München oder sonst etwas ist. Es ist auch egal, ob Sie beim Roten Kreuz sich engagieren. Es muss nicht politisch sein, aber irgendwie sozial. Nicht nur das Private, es geht nicht nur um die Ansammlung von Geld und Vermögen und diesem und jenem, sondern es geht auch darum, sich für den Nächsten zu engagieren, zu schauen, wo kann ich helfen. Wenn man sich politisch engagieren will, in irgendeine Partei zu gehen, ist das mehr oder weniger egal in welche: Schauen, dass man da irgendetwas bewirkt, mit auf die Beine stellt. Es gibt viele Möglichkeiten.

Anmerkungen – Notes

Zwischen Synagoge und Museum: die jüdische Gemeinde Augsburg, 1969–1990.

1 Das detaillierte Gutachten zum baulichen Zustand durch ein Augsburger Architekturbüro konstatierte 1970 lapidar: „Der schöne Profanbau [sic!] ist dem Verfall anheimgegeben", in: StadtAA, Bestand 52, Akt 4.
2 Anfang der 1970er Jahre hatte die Gemeinde hohe Schulden, die in der Amtszeit von Präsident Hermann Melcer 1972 bis 1974 stark reduziert wurden, vgl. Archiv der IKG Schwaben-Augsburg, Akt 212/07. Zur jüdischen Sozialgeschichte und der Problematik schrumpfender Gemeinden siehe Goschler/Kauders: 1968 – 1989, S. 295 – 303.
3 Angaben nach Mitgliederstatistiken der Zentralwohlfahrtsstelle der Juden in Deutschland, Frankfurt a.M.
4 Vgl. dazu die Kataloge zu Teil 1 und 2 der Ausstellungsreihe: Sinn: GEHEN? oder BLEIBEN! und Sinn: Zukunft im Land der Täter? Einen kurzen Überblick zur Geschichte der IKG Schwaben-Augsburg gibt Brenner: Jüdisches Leben in Bayerisch-Schwaben nach 1945.
5 Zur doppelten Fremdheit siehe Kugelmann, Zur Identität osteuropäischer Juden in der Bundesrepublik
6 Vgl. dazu Sinn: GEHEN? oder BLEIBEN!
7 Umfangreiche Korrespondenz dazu im Archiv der IKG Schwaben-Augsburg, Akt 212.
8 Protokolle der Vorstandssitzungen 1980 – 1989 im Archiv der IKG Schwaben-Augsburg, Akt 107.
9 Kurzbiografien zu den Mitgliedern der Familie Neuburger in: Römer (Hg.): „An meine Gemeinde in der Zerstreuung", S. 316 – 320.
10 Protokoll der Vorstandssitzung vom 11. Juli 1968. Grundlage der Solidaritätsaktion für Israel war ein Mitgliederbeschluss vom 11. Juni 1967, der deutlich macht, dass die Unterstützung Israels für die IKG Priorität vor der Unterstützung der hilfsbedürftigen Gemeindemitglieder hatte, in: Archiv der IKG Schwaben-Augsburg, Akt 82/03. Die Entscheidung, nahezu alle liquiden Mittel unter Zurückbehaltung eines „Existenzminimums" an den Landesverband und in Israel-Bonds des „Solidaritätsfonds für Israel" zu transferieren, führte dazu, dass die IKG Anfang der 1970er Jahre erheblich verschuldet war. Zur großen Spendenbereitschaft jüdischer Gemeinden in Deutschland für den Staat Israel siehe Kauders, Unmögliche Heimat, S. 100 – 116.
11 Kauders: Unmögliche Heimat, S. 171ff.
12 Vgl. Korrespondenz des IKG-Vorstands mit Lehrer Scheindling im Archiv der IKG Schwaben-Augsburg, Akt 212/08-10.
13 Mitteilung der IKG an den Landesverband vom 7. Januar 1981, Archiv der IKG Schwaben-Augsburg, Akt 212.
14 Dazu kam in Deutschland das komplizierte Verhältnis zu einer Umgebung, die lange Zeit die erforderliche Auseinandersetzung mit Schuld und Verantwortung für die NS-Verbrechen verweigerte. Vgl. Diner: Negative Symbiose, und die zahlreichen Essays in Broder/Lang (Hg.): Fremd im eigenen Land.
15 Die Auseinandersetzung mit der psychischen Belastung durch die Verfolgungsgeschichte der Eltern begann erst Ende der 1970er Jahre. Eine frühe Zusammenfassung der Diskussion formulierte Grünberg: Jüdische Überlebende der nationalsozialistischen Verfolgung und deren Nachkommen.
16 Vgl. Heenen-Wolff: Psychoanalytische Überlegungen zur Latenz der Shoah.
17 Goschler/Kauders: 1968 – 1989, S. 360ff. Der dort angesprochene Zusammenhang von „jüdischer Normalität und nichtjüdischer Normalisierung" ergab sich, anders als im Augsburger Alltag der jungen Gemeindemitglieder, im kollektiven Selbstbewusstsein durch die Austragung von Konflikten und Kontroversen.
18 Augsburger Allgemeine vom 15. März 1972; Archiv der IKG Schwaben-Augsburg, Akt 212.
19 StadtAA, Bestand 52, Akt 4 und Bestand 53, Akt 217.
20 StadtAA, Bestand 52, Akt 4.
21 Ebd.
22 Beschluss des Bauausschusses vom 13. November 1975, in: StadtAA, Bestand 53, Akt 217. Die Stadt hatte bereits 1970 Gelder zur Reparatur von Dach und Kuppel bereitgestellt. Die Auszahlung scheiterte bis 1975 am fehlenden Eigenanteil der Gemeinde, vgl. dazu StadtAA, Bestand 52, Akt 4.
23 Staatliches Bauamt Augsburg, Konvolut Synagoge, Planungs- und Bauablauf.
24 Anhang zum Protokoll der Vorstandssitzung vom 8. Februar 1981, in: Archiv der IKG Schwaben-Augsburg, Akt 107/14.
25 Auskunft von Michael Pittroff.
26 Böttger: Die Augsburger Synagoge an der Halderstraße, S. 83ff.
27 Staatliches Bauamt Augsburg, Konvolut Synagoge.
28 Protokoll der Vorstandssitzung vom 21. Juni 1983; Archiv der IKG Schwaben-Augsburg, Akt 107/10.
29 Zur Bedeutung der jüdischen Gemeinden in Deutschland für die Legitimation der westdeutschen Demokratie vgl. Kauders: Unmögliche Heimat, S. 126 – 160.
30 Frankfurter Rundschau vom 13. September 1969.
31 Bereits im März 1979 dokumentierte ein Taschenbuch die intensive Rezeption der Ausstrahlung des Fernsehfilms im Januar, vgl. Märthesheimer/Frenzel (Hg.): Im Kreuzfeuer.
32 Vgl. R. Gross: November 1938.
33 Vgl. den Bericht bei Römer: Der Leidensweg der Juden in Schwaben, S. 35ff.
34 Die Veranstaltung wurde in Absprache mit der IKG sorgfältig geplant, vgl. StadtAA, Bestand 54/13 Referat OB.
35 StadtAA, Bestand 53, Akt 83/II.
36 Schönhagen: Die Augsburger Synagogenorgel, S. 52.
37 Das war kein allmählicher Prozess, sondern Resultat zahlreicher Debatten und Kontroversen. Vgl. Fischer/Lorenz: Lexikon der „Vergangenheitsbewältigung", S. 178 – 287.
38 Vgl. den Katalog zur Ausstellung von Lamprecht/Thieme: Mein Augsburg, S. 9 und Mein Augsburg: Offizielles Ausstellungsprogramm, S. 4.
39 Vgl. StadtAA, Bestand 53, Akt 83/I-III mit umfangreichem Material zu Gedenktagen und Gedenkfeiern.
40 So veranstaltete z.B. der Deutsche Städtetag seine Hauptversammlung 1979 unter dem Motto „Starke Städte – starke Demokratie" zu den Themen Kulturpolitik und kommunale Selbstverwaltung, vgl. StadtAA, Bestand 53, Akt 221/I. In Augsburg war für die Stadt bei der Planung zur 2000-Jahr-Feier leitender Grundsatz: „Die Bürger dürfen nie passive Zuschauer bleiben, sondern sie müssen auch selbst mitgestalten und mitmachen", vgl. StadtAA, Bestand 53, Akt 85/I.
41 Verfügung des Oberbürgermeisters vom 18. April 1984, in: StadtAA, Bestand 53, Akt 418/I.
42 Begonnen wurden die Planungen nach Anregung von Gernot Römer durch die Kommission zur Durchführung der 2000-Jahr-Feier, organisiert wurde die Woche dann vom Kulturamt der Stadt unter Federführung des Referats OB. Dazu umfangreiche Korrespondenz in StadtAA, Bestand 53, Akt 418/I-II.
43 Zur Biografie von Ernst Jacob vgl. Jacob, Ein Rabbinat in dunklen Stunden – Ernest I. Jacob 1899 – 1974.
44 Festzeitung der Israelitischen Kultusgemeinde Schwaben-Augsburg am 1. September 1985, S. 7.
45 Zur Biografie Spokojnys vgl. Sinn: Zukunft im Land der Täter?, S. 18 – 20.
46 StadtAA, Bestand 52, Akt 4.
47 Die Vorbereitungen zum Jubiläumsjahr begannen 1976. Gernot Römer und Julius Spokojny brachten Ende 1983 die Einladung jüdischer Emigranten zur Sprache, so dass die Stadt Anfang 1984 begann, eine „Woche der ehemaligen jüdischen Mitbürger" zu planen, vgl. StadtAA, Bestand 53, Akt 418/I. Bis zu dieser Entscheidung finden sich keine Hinweise auf die Einbeziehung jüdischer Geschichte ins Festprogramm. Die Wiedereinweihung der Synagoge wäre schon im Frühjahr 1985 möglich gewesen, wurde dann aber von Präsident Spokojny mit dem Besuch der Ehemaligen zusammengelegt.
48 StadtAA, Bestand 53, Akt 418/I.
49 Im September lud die Stadt Ulm ehemalige jüdische Bürger ein. Neben Ausflügen nach Laupheim und Buchau wurden auch die Barockkirchen von Steinhausen und Birnau besucht, vgl. StadtAA, Bestand 53, Akt 85/II. Zu den Besuchsprogrammen deutscher Kommunen siehe Kräutler, „Dieselbe Stadt – und doch eine ganz andere", S. 12 – 48.
50 Kurzbiografien zur Familie Cramer in: Römer (Hg.), „An meine Gemeinde in der Zerstreuung", S. 199f.
51 StadtAA, Bestand 53, Akt 418/I.
52 Ebd.
53 StadtAA, Bestand 54/13, Akt 101306.
54 Zu Leben und Schicksal der Familie Sturm siehe Souzana Hazan: „…dieser schönen Welt Lebewohl sagen."
55 StadtAA, Bestand 53, Akt 418/I.

56 Früheste Hinweise auf eine geplante Museumsgründung finden sich im Protokoll der Vorstandssitzung vom 8. Februar 1981, in: Archiv der IKG Schwaben-Augsburg, Akt 107/14. Die Wiederherstellung des prächtigen Kultraums mit öffentlichen Mitteln, der dritte Bauabschnitt der 1975 begonnenen Renovierung, war erst möglich, als dafür ein Nutzungskonzept von Seiten der Gemeinde entwickelt wurde. Die Gemeinde selbst war zu klein und finanziell zu schwach für die regelmäßige Nutzung des Kultraums. Von Seiten des Freistaats unterstützte Kultusminister Hans Maier die Idee der Museumsgründung sofort und schlug die Judaica-Bestände des Bayerischen Nationalmuseums als Leihgabe vor. Vgl. Brief vom 17. Juli 1981, in: Archiv der IKG Schwaben-Augsburg, Akt 107/12.

57 Hans Lamm war von Beginn an als Ideengeber beteiligt. Vermutlich geht der Impuls zur Museumsgründung auf ihn zurück, da ein Brief Lamms an Präsident Spokojny als Grundlage für die Diskussion auf der Vorstandssitzung vom 8. Februar 1981 diente, in: Archiv der IKG Schwaben-Augsburg, Akt 107/14. Lamm wurde innerhalb eines Jahres als Berater engagiert, vgl. Protokoll der Vorstandssitzung vom 22. März 1982, in: Archiv der IKG Schwaben-Augsburg, Akt 107/11. Später trennten sich die Wege, weil die Augsburger Gemeinde befürchtete, Lamm beabsichtige das Museum schließlich in München zu realisieren.

58 Zur Entwicklungsgeschichte jüdischer Museen in Deutschland vgl. Bertz: Jewish Museums in the Federal Republic of Germany, S. 80–112. Zur frühen Reflexion auf die Ausstellungspraxis jüdischer Museen in Deutschland vgl. Kugelmann: Das Jüdische Museum als Exponat der Zeitgeschichte.

59 Geleitwort des Präsidenten der Israelitischen Kultusgemeinde Schwaben-Augsburg, Senator Julius Spokojny, in: Ansbacher, Zeugnisse jüdischer Geschichte und Kultur, S. 11.

60 Satzung der Stiftung „Jüdisches Kulturmuseum" in Augsburg, genehmigt am 6. September 1984 durch den Bayerischen Staatsminister für Unterricht und Kultus. Laut Satzung sollen von den 5–7 Mitgliedern des Stiftungsrats 2 Mitglieder der IKG Schwaben-Augsburg angehören. Die Gründungssitzung des Museumsvorstands fand am 27. November 1984 statt, vgl. Archiv des JKMAS, Akt 549.

61 Grußwort des Bayerischen Ministerpräsidenten Franz Josef Strauß zur Eröffnung der Nürnberger Ausstellung, in: StadtAA, Bestand 53, Akt 217, und Schreiben des Direktors des Hauses der Bayerischen Geschichte, Dr. Claus Grimm, an Senator Julius Spokojny vom 5. Mai 1988, in: Archiv der IKG Schwaben-Augsburg, Akt 107/06. Zur Geschichte des Museums vgl. Kießling: Das Museum in der Synagoge, S. 127–133.

62 Das zeigen die Konzeption des ersten Ausstellungskatalogs und die Einführung von Mordechai B. Ansbacher, vgl. Ansbacher, Zeugnisse jüdischer Geschichte und Kultur, S. 13–25.

63 Jahn: Judaica, S. 634.

64 Vgl. Heimann-Jelinek: Vom Herzstück zum Schmerzstück?, S. 147.

65 Vgl. dazu die umfangreiche Korrespondenz in: StadtAA, Bestand 53, Akt 217; Bericht der Augsburger Allgemeinen vom 14. März 1986.

66 Schreiben der Staatskanzlei vom 8. Februar 1988, in: StadtAA, Bestand 53, Akt 217.

67 Brumlik: Zur Identität der zweiten Generation deutscher Juden nach der Shoah.

68 Kauders: Unmögliche Heimat, S. 100f.

69 Die beigefügte namentliche Aufstellung der Spender lässt vermuten, dass innerhalb der IKG solche Aktionen als moralische Verpflichtung kommuniziert wurden. Vgl. oben Anm. 10 und Kauders, Unmögliche Heimat, S. 100–116.

70 Vermutlich handelt es sich um eine private Spende des Bischofs, von der Julius Spokojny bei einer Festrede berichtete, vgl. Archiv der IKG Schwaben-Augsburg, Akt 73/04.

71 Protokoll der Vorstandssitzung vom 24. Oktober 1991, in: Archiv der IKG Schwaben-Augsburg, Akt 107/01.

72 Im Vergleich zum Essayband von Broder/Lang (Hg.): Fremd im eigenen Land von 1979 haben sich Leben und Selbstverständnis von Juden in Deutschland stark gewandelt. Vgl. dazu Diner: Deutschland, die Juden und Europa und Bodemann/Brumlik: Juden in Deutschland – Deutschland in den Juden.

Quellen und Literatur – Sources and Bibliography

Unveröffentlichte Quellen – Unpublished Sources

Archiv der Israelitischen Kultusgemeinde (IKG) Schwaben-Augsburg
1) Akt 0013, 0035A, 0073, 0082, 0107, 0115, 0154A, 0154B, 0212, 10046.
2) Fotosammlung.

Jüdisches Kulturmuseum Augsburg-Schwaben (JKMAS)
Akt 66, 70, 73, 76, 111, 189, 190, 203, 205, 228, 549 (vorläufige Nummern).

Stadtarchiv Augsburg (StadtAA)
1) Bestand 49, Akt 4981
2) Bestand 50, Akt 134
3) Bestand 50, Akt 1694
4) Bestand 50, Akt 1764
5) Bestand 52, Akt 4
6) Bestand 53, Akt 83/I-III
7) Bestand 53, Akt 85/I-II
8) Bestand 53, Akt 217
9) Bestand 53, Akt 221/I-IV
10) Bestand 53, Akt 223/I-V
11) Bestand 53, Akt 228/I-II
12) Bestand 53, Akt 235
13) Bestand 53, Akt 418/I-II
14) Bestand 54/13, Akt 101306

Archiv des Bistums Augsburg
Konvolut Bischof Dr. Josef Stimpfle, Fotosammlung.

Staatliches Bauamt Augsburg
Konvolut Synagoge Augsburg.

Privatsammlungen
Silvia Adani, München.
Esther Melcer, Augsburg.
Ruth Melcer, Berlin.
Ryta Melcer, München.
Michael Pittroff, Neusäß.
Gernot Römer, Stadtbergen.
Ilan Scheindling, Gersthofen.
Jacky Schenavsky, Berlin.
Simon Schenavsky, München.
Vivian Schenavsky, München.
Fred Schöllhorn, Augsburg.
Silvio Wyszengrad, Augsburg.

Gedruckte Quellen – Published Sources

Augsburger Allgemeine,
16. Februar 1970,
15. März 1972,
12. März 1977,
10. November 1978,
23. August 1985,
28. August 1985,
30. August 1985,
2. September 1985,
14. März 1986.

Festzeitung der Israelitischen Kultusgemeinde Schwaben-Augsburg am 1. September 1985.

Frankfurter Rundschau,
13. September 1969.

St. Ulrichsblatt. Katholische Kirchenzeitung für die Diözese Augsburg,
31. März 1968.

Literatur – Bibliography

Ansbacher, Mordechai B.: Zeugnisse jüdischer Geschichte und Kultur, zur Einweihung des Jüdischen Kulturmuseums in Augsburg am 1. September 1985, Augsburg 1985.

Bertz, Inka: Jewish Museums in the Federal Republic of Germany, in: Richard I. Cohen (Ed.): Visualizing and Exhibiting Jewish Space and History, Oxford, 2012, S. 80 – 112.

Bodemann, Y. Michal: Die Endzeit der Märtyrer-Gründer. An einer Epochenwende jüdischer Existenz in Deutschland, in: Babylon. Beiträge zur jüdischen Gegenwart, Heft 8/1991, S. 7 – 25.

Bodemann, Y. Michal/Brumlik, Micha (Hg.): Juden in Deutschland – Deutschland in den Juden, Göttingen 2010.

Bodemann, Y. Michal: Staat und Ethnizität: Der Aufbau der jüdischen Gemeinden im Kalten Krieg, in: Micha Brumlik u.a. (Hg.): Jüdisches Leben in Deutschland seit 1945, Frankfurt 1986, S. 49 – 69.

Böttger, Peter: Die Augsburger Synagoge an der Halderstraße – Der Bau und seine Wiederherstellung, in: Denkmäler jüdischer Kultur in Bayern. Arbeitshefte des Bayerischen Landesamtes für Denkmalpflege 43, München 1994, S. 75 – 85.

Brenner, Michael: Jüdisches Leben in Bayerisch-Schwaben nach 1945, in: Michael Brenner/Sabine Ullmann: Die Juden in Schwaben, München 2013, S. 287 – 296.

Broder, Henryk M./Lang, Michel R. (Hg.). Fremd im eigenen Land. Juden in der Bundesrepublik, Frankfurt 1979.

Brumlik, Micha: Zur Identität der zweiten Generation deutscher Juden nach der Shoah in der Bundesrepublik, in: Micha Brumlik u.a. (Hg.): Jüdisches Leben in Deutschland seit 1945, Frankfurt 1986, S. 172 – 176.

Diner, Dan: Austreibung ohne Einwanderung. Zum historischen Ort des „9. November", in: Babylon. Beiträge zur jüdischen Gegenwart, Heft 5/1989, S. 22 – 28.

Diner, Dan: Deutschland, die Juden und Europa. Vom fortschreitenden Sieg der Zukunft über die Vergangenheit, in: Babylon. Beiträge zur jüdischen Gegenwart, Heft 7/1990, S. 96 – 104.

Diner, Dan: Negative Symbiose. Deutsche und Juden nach Auschwitz, in: Babylon. Beiträge zur jüdischen Gegenwart, Heft 1/1986, S. 9 – 20.

Fischer, Torben/Lorenz, Matthias N. (Hg.): Lexikon der ‚Vergangenheitsbewältigung' in Deutschland. Debatten- und Diskursgeschichte des Nationalsozialismus nach 1945, Bielefeld 2007.

Frei, Norbert: 1968. Jugendrevolte und globaler Protest, München 2008.

Goschler, Constantin/Kauders, Anthony: 1968 – 1989. Positionierungen, in: Michael Brenner (Hg.), Geschichte der Juden in Deutschland. Von 1945 bis zur Gegenwart, München 2012, S. 295 – 378.

Gross, Raphael: November 1938. Die Katastrophe vor der Katastrophe, München 2013.

Grünberg, Kurt: Jüdische Überlebende der nationalsozialistischen Verfolgung und deren Nachkommen, in: Babylon. Beiträge zur jüdischen Gegenwart, Heft 1/1986, S. 127 – 136.

Grünberg, Kurt: Trauma-Transfer. Über Kinder der Opfer im ‚Land der Täter', in: Susanne Schönborn (Hg.): Zwischen Erinnerung und Neubeginn. Zur deutsch-jüdischen Geschichte nach 1945, München 2006, S. 268 – 283.

Halbinger, Monika: Das Jüdische in den Wochenzeitungen ZEIT, SPIEGEL und STERN (1946 – 1989), München 2010.

Hazan, Souzana: „...dieser schönen Welt Lebewohl sagen." Der Weg der Familie Sturm aus Augsburg (Band 3 der Reihe Lebenslinien des Jüdischen Kulturmuseums Augsburg-Schwaben), Augsburg 2010.

Heenen-Wolff, Susann: Psychoanalytische Überlegungen zur Latenz der Shoah, in: Babylon. Beiträge zur jüdischen Gegenwart, Heft 7/1990, S. 84 – 95.

Heimann-Jelinek, Felicitas: Vom Herzstück zum Schmerzstück? Die jüdischen Museen und ihre Judaica-Sammlungen, in: Babylon. Beiträge zur jüdischen Gegenwart, Heft 22/2007, S. 147 – 153.

Heimann-Jelinek, Felicitas: Thoughts on the Role of a European Jewish Museum in the 21st Century, in: Richard I. Cohen (Ed.): Visualizing and Exhibiting Jewish Space and History, Oxford 2012, 243 – 257.

Jacob, Walter: Ein Rabbinat in dunklen Stunden. Ernest I. Jacob 1899 – 1974, in: Gernot Römer (Hg.): „An meine Gemeinde in der Zerstreuung". Die Rundbriefe des Augsburger Rabbiners Ernst Jacob 1941 – 1949, Augsburg 2007, S. 5 – 22.

Jahn, Maud: Judaica, in: Renate Eikelmann/Ingolf Bauer (Hg.), Das Bayerische Nationalmuseum 1855 – 2005, München 2006, S. 630 – 636.

Kahn, Charlotte: Juden in Deutschland, deutsche Juden oder jüdische Deutsche? Selbstverständnis und Perspektiven der in Deutschland lebenden Juden, in: Susanne Schönborn (Hg.): Zwischen Erinnerung und Neubeginn. Zur deutsch-jüdischen Geschichte nach 1945, München 2006, S. 284–303.

Kauders, Anthony: Unmögliche Heimat. Eine deutsch-jüdische Geschichte der Bundesrepublik, München 2007.

Khasani, Shila: Oppositionelle Bewegung oder Selbsterfahrungsgruppe? Entstehung und Engagement der Frankfurter Jüdischen Gruppe, in: Susanne Schönborn (Hg.): Zwischen Erinnerung und Neubeginn. Zur deutsch-jüdischen Geschichte nach 1945, München 2006, S. 160–177.

Kießling, Rolf: Das Museum in der Synagoge, in: Benigna Schönhagen (Hg.): Die Augsburger Synagoge – ein Bauwerk und seine Geschichte, Augsburg 2010, S. 127–133.

Klotz, Sabine: Fritz Landauer (1883–1968). Leben und Werk eines jüdischen Architekten, Berlin 2001.

Kugelmann, Cilly: Das Jüdische Museum als Exponat der Zeitgeschichte – das Beispiel Frankfurt. Ein Lagebericht und Versuch der Einordnung, in: Wiener Jahrbuch für Jüdische Geschichte, Kultur und Museumswesen 2 (1995–1996), S. 43–56.

Kugelmann, Cilly: Zur Identität osteuropäischer Juden in der Bundesrepublik, in: Micha Brumlik u.a. (Hg.): Jüdisches Leben in Deutschland seit 1945, Frankfurt 1986, S. 177–181.

Kräutler, Anja: „Dieselbe Stadt – und doch eine ganz andere." Kommunale und bürgerschaftliche Besuchsprogramme für ehemalige Zwangsarbeiter und andere Opfer nationalsozialistischen Unrechts, Berlin 2006.

Lamprecht, Hermann/Thieme, Klaus: Mein Augsburg. Zeitgeschichte miterlebt – Stadtgeschichte mitgestaltet. Ausstellungskatalog, Augsburg 1983.

Loewy, Hanno: Diasporic Home or Homelessness: The Museum and the Circle of Lost and Found. German Historical Institute London Bulletin, Vol. 34, No. 1, London 2012, S. 41–58.

Märthesheimer, Peter/Frenzel, Ivo (Hg.): Im Kreuzfeuer: Der Fernsehfilm ‚Holocaust'. Eine Nation ist betroffen, Frankfurt 1979.

Offe, Sabine: Ausstellungen, Einstellungen, Entstellungen. Jüdische Museen in Deutschland und Österreich, Berlin, Wien 2000.

Herbert, Ulrich: Geschichte Deutschlands im 20. Jahrhundert, München 2014.

Rödder, Andreas: Die Bundesrepublik Deutschland 1969–1990, München 2004.

Römer, Gernot (Hg.): „An meine Gemeinde in der Zerstreuung". Die Rundbriefe des Augsburger Rabbiners Ernst Jacob 1941–1949, Augsburg 2007.

Römer, Gernot: Der Leidensweg der Juden in Schwaben, Augsburg 1983.

Schönhagen, Benigna: Die Augsburger Synagogenorgel – eine verstummte Tradition, in: Benigna Schönhagen (Hg.): Die Augsburger Synagoge – ein Bauwerk und seine Geschichte, Augsburg 2010, S. 49–54.

Sinn, Andrea: GEHEN? oder BLEIBEN! Lebenswelten osteuropäischer und deutscher Juden in der Nachkriegszeit, 1945–1950, Augsburg 2012.

Sinn, Andrea: „Und ich lebe wieder an der Isar". Exil und Rückkehr des Münchner Juden Hans Lamm, München 2008.

Sinn, Andrea: Zukunft im Land der Täter? Jüdische Gegenwart zwischen „Wiedergutmachung" und „Wirtschaftswunder", 1950–1969, Augsburg 2013.

Speier, Sammy: Von der Pubertät zum Erwachsenendasein – Bericht einer Bewußtwerdung, in: Micha Brumlik u.a. (Hg.): Jüdisches Leben in Deutschland seit 1945, Frankfurt 1986, S. 182–194.

Steiner, George: Sprache und Schweigen. Essays über Sprache, Literatur und das Unmenschliche, New York 1967, dt. Frankfurt 1969.

Stiftung Jüdisches Kulturmuseum Augsburg-Schwaben (Hg.): 10 Jahre Wiedererrichtung der Synagoge Augsburg. 10 Jahre Gründung des Jüdischen Kulturmuseums Augsburg-Schwaben, Augsburg 2001.

Abkürzungen – Abbreviations

IKG	Israelitische Kultusgemeinde
JKMAS	Jüdisches Kulturmuseum Augsburg Schwaben
ZJD	Zionistische Jugend in Deutschland
ZWST	Zentralwohlfahrtsstelle der Juden in Deutschland
Dt.	Deutsch
Engl.	Englisch
Hebr.	Hebräisch

Verzeichnis der Exponate

Verzeichnis der Exponate – Index of Exhibits

**1. DIE GEMEINDE:
LEBEN MIT GEGENSÄTZEN**

1.1 ENTWICKLUNGEN

1.1.1 Fotografien (Reproduktionen)
a) Zustand des 1938 geschändeten Sakralraums nach 1945, [Abb. S. 10];
JKMAS # JKMB-005834.
b) Kultraum der Synagoge, nach 1985 [Abb. S. 10];
JKMAS # JKMB-001074.

1.1.2 Fotografien
a) Feier im Festsaal der IKG, um 1965, Fotopapier, 8,2 x 12,3 cm [Abb. S. 12];
Ryta Melcer, München.
b) Bar Mizwa von Jacky Schenavsky, Januar 1972, Fotopapier, 8,2 x 12,1 cm [Abb. S. 12];
Jacky Schenavsky, Berlin.

1.1.3 Gebetsmantel (Tallit)
mit Beutel, um 1970,
Stoff, Samt, 57 x 150 cm bzw. 22 x 29 cm [Abb. S. 10];
Ilan Scheindling, Gersthofen.

1.2 ERFAHRUNGEN

1.2.1 Zeitungsartikel (Reproduktion)
Münchner Jüdische Nachrichten, Dezember 1970 [Abb. S. 13];
Archiv IKG Schwaben-Augsburg.

1.2.2 Einladungskarte
zur Bar Mizwa von Ilan Scheindling, Mai 1969, Papier, 17,5 x 22,5 cm [Abb. S. 13];
Ilan Scheindling, Gersthofen.

1.3 SOZIALE UNTERSCHIEDE

1.3.1 Todesanzeige (Reproduktion)
Hermann Melcer, 27. März 1985 [Abb. S. 14];
Archiv der IKG Schwaben-Augsburg.

1.4 UNTERSCHIEDLICHE HERKUNFT, VERSCHIEDENE ERFAHRUNGEN

1.4.1 Fotografien (Reproduktionen)
a) Brüder Jossek, Hermann und Israel Melcer mit ihren Ehefrauen Ryta, Esther und Vera Melcer (v. li.), um 1962 [Abb. S. 15];
Esther Melcer, Augsburg.
b) Salo Neuburger (re.) an seinem 80. Geburtstag, 1986 [Abb. S. 15];
JKMAS # JKMB-009233.

1.4.2 Fotoalbum
von Salo Neuburger, um 1950,
Papier, Spirale, gebunden, 29 x 25 cm [Abb. S. 15];
JKMAS # JKM 2011-5.

1.5 ERFOLG UND BEDÜRFTIGKEIT

1.5.1 Fotografien (Reproduktionen)
a) Jossek Melcer und seine Frau Ryta auf der Akropolis in Athen, um 1963 [Abb. S. 16];
Ryta Melcer, München.
b) Alexander Moksel, um 1975 [Abb. S. 17];
Silvia Adani, München.
c) Hermann Melcer, um 1982 [Abb. S. 17];
Esther Melcer, Augsburg.

1.5.2 Schreiben (Reproduktion)
von Szmul Szmulewicz an die IKG Schwaben-Augsburg, 30. April 1973 [Abb. S. 16];
Archiv der IKG Schwaben-Augsburg.

1.5.3 Werbebroschüre (Reproduktion)
von Möbel Melcer, 1970er Jahre [Abb. S. 17];
Esther Melcer, Augsburg.

1.5.4 Stuhl
aus der Produktion von Möbel Melcer, um 1980, Holz mit Flechtwerk, 87,5 x 46 x 41 cm [Abb. S. 17];
Esther Melcer, Augsburg.

1.6 INTEGRATION UND GEFÄHRDUNG

1.6.1 Fotografien (Reproduktionen)
a) Chana und Aron Cukiermann aus München mit Szmul Szmulewicz im Festsaal (v. li.), vor 1970 [Abb. S. 18];
Ryta Melcer, München.
b) Gruppentag der ZJD im Garten der Synagoge, 1975 [Abb. S. 18];
Simon Schenavsky, München.

1.7 BLEIBENDE BEDROHUNG

1.7.1 Aktennotiz (Reproduktion)
über an die IKG Schwaben-Augsburg gerichtete Drohungen und Beschimpfungen, 1. Dezember 1969 [Abb. S. 19];
Archiv der IKG Schwaben-Augsburg.

1.7.2 Fotografie (Reproduktion)
Polizist vor der Synagoge, 1985 [Abb. S. 19];
Fred Schöllhorn, Augsburg.

1.7.3 Zeitungsartikel (Reproduktion)
Augsburger Allgemeine, 16. Februar 1970 [Abb. S. 19];
Archiv der Augsburger Allgemeinen.

1.7.4 Protokoll der IKG Schwaben-Augsburg (Reproduktion)
Vorstandssitzung vom 27. Februar 1969 [Abb. S. 20];
Archiv der IKG Schwaben-Augsburg.

2. DER LEHRER

2.0.1 Fotografie
Lehrer Heinrich Josua Scheindling mit einem Schüler beim Tora-Lesen, um 1990,
Fotopapier, 14,9 x 10,1 cm [Abb. S. 21];
Ilan Scheindling, Gersthofen.

2.0.2 Fotografien (Reproduktionen)
a) Heinrich Josua Scheindling als Abiturient in Nürnberg (2. Reihe, 1. re.), 1933 [Abb. S. 22];
Ilan Scheindling, Gersthofen.
b) Heinrich Josua Scheindling als Mitglied einer zionistischen Jugendgruppe in Deutschland, um 1930 [Abb. S. 22];
Ilan Scheindling, Gersthofen.
c) Heinrich Josua Scheindling als Lehrer in Israel, um 1950 [Abb. S. 23];
Ilan Scheindling, Gersthofen.

2.0.3 Fotografierte Collage
Heinrich Josua Scheindling als Absolvent des orthodoxen Lehrerseminars
„Beit Midrasch Misrachi" in Jerusalem (unterste Reihe, 3. v. li), nach 1938,
Fotopapier, gerahmt, 25,4 x 31,5 cm [Abb. S. 23];
Ilan Scheindling, Gersthofen.

2.1 BRÜCKE ZWISCHEN DEN GENERATIONEN

2.1.1 Fotografien
a) Heinrich Josua Scheindling mit seiner Frau Lilly und seinen beiden Söhnen Ilan (li.) und Gideon (re.) vor dem Miniaturmodell des Augsburger Rathauses in einem Freizeitpark, um 1966, Fotopapier, 8,2 x 12,4 cm [Abb. S. 24];
Ilan Scheindling, Gersthofen.
b) Klara Scheindling, Nürnberg, um 1930, Fotopapier, 14,8 x 9,4 cm [Abb. S. 25];
Ilan Scheindling, Gersthofen.

2.1.2 Buch
Gedichte, Teil I bis III, von Heinrich Josua Scheindling, Privatdruck, Augsburg 1975–1985, Papier, 20,8 x 9,8 cm [Abb. S. 25];
Ilan Scheindling, Gersthofen.

2.1.3 Zeugnis (Reproduktion)
zum Religionsunterricht von Lehrer Scheindling für Ruth Melcer, Juli 1969 [Abb. S. 26];
Ruth Melcer, Berlin.

2.1.4 Bericht und Statistik (Reproduktion)
des Lehrers Heinrich Josua Scheindling an den Vorstand der IKG Schwaben-Augsburg, 24. Mai 1973 [Abb. S. 26];
Archiv der IKG Schwaben-Augsburg.

2.2 MIT STARKER HAND UND AUSGESTRECKTEM ARM

2.2.1 Buch
Pessach-Haggada (hebr.), Yavne Verlag, Tel Aviv 1955,
Papier, 27 x 20 cm [Abb. S. 27];
Ilan Scheindling, Gersthofen.

2.3 VON GENERATION ZU GENERATION

2.3.1 Ölgemälde
Ilan Scheindling, Ohne Titel, 2007,
Acryl/Mischtechnik auf Karton, 52 x 62,5 cm [Abb. S. 28–29];
Ilan Scheindling, Gersthofen.

3. DIE GEMEINDE: EINE NEUE GENERATION

3.1 JUNG UND JÜDISCH

3.1.1 Fotografien (Reproduktionen)
a) Jacky Schenavsky (re.) mit einem Freund auf einem Vorbereitungsseminar der ZJD, Augsburg, 1975 [Ab. S. 30];
Jacky Schenavsky, Berlin.
b) Ruth Melcer im Alter von 15 Jahren mit ihren Eltern, Augsburg, 1972 [Abb. S. 31];
Ruth Melcer, Berlin.
c) Micki Melcer als Jugendlicher, Augsburg, 1980 [Abb. S. 31];
Ryta Melcer, München.

3.2 UND ALS ERWACHSENER?

3.2.1 Fotografien (Reproduktionen)
a) Jacky Melcer nach seiner Alijah im Kibbuz Maagan/Israel, 1979 [Abb. S. 32];
Ryta Melcer, München.
b) Ruth Melcer vor dem Abitur bei einem Ferienaufenthalt im Kibbuz Ramat Rachel/Israel, 1975 [Abb. S. 33];
Ruth Melcer, Berlin.

3.2.2 Illustrierte
Stern, 30. Juni 1977,
Papier, 31 x 23,5 [Abb. S. 33];
JKMAS # JKM 2014-7.

3.3 PERSPEKTIVEN

3.3.1 Fotoapparat
Yashica, um 1970,
Spiegelreflex, 12,5 x 14,5 x 8,5 cm [Abb. S. 34];
Silvio Wyszengrad, Augsburg.

3.3.2 Faltblatt (Reproduktion)
Programmflyer mit Veranstaltungen der Zionistischen Jugend in Deutschland, 1976 [Abb. S. 35];
Simon Schenavsky, München.

3.3.3 Rundbrief (Reproduktion)
der Zionistischen Jugend in Deutschland, Frankfurt, 23. April 1974 [Abb. S. 36];
Simon Schenavsky, München.

3.3.4 Fotografien
a) Tanzseminar der ZJD in Augsburg, Februar 1973,
Fotopapier, 8,8 x 11 cm [Abb. S. 36];
Jacky Schenavsky, Berlin.
b) Jacky Schenavsky mit Silvio Wyszengrad (vorne) und Micki Melcer (li.) beim Makkabi-Sporttag im Augsburger Rosenau-Stadion, Juni 1976,
Fotopapier, 12,9 x 8,9 cm [Abb. S. 36];
Jacky Schenavsky, Berlin.

3.3.5 Programmheft
der 1. Deutschen Makkabi-Meisterschaft in Augsburg, 1984,
Papier, 21 x 14,7 cm [Abb. S. 37];
Archiv der IKG Schwaben-Augsburg.

3.3.6 Buch
Theodor Herzl, Altneuland, herausgegeben von Rosa Goldberg und Fanny Seelig, Tel Aviv 1962,
Papier, gebunden, 27,7 x 22,5 cm [Abb. S. 37];
Ruth Melcer, Berlin.

4. DIE WIEDERHERSTELLUNG DER SYNAGOGE

4.1 VERKAUFEN ODER ERHALTEN?

4.1.1 Fotografien (Reproduktionen)
a) Ausgefegt, aber nicht repariert: Der Kultraum der Augsburger Synagoge vor der Renovierung, nach 1945 [Abb. S. 38];
Archiv der IKG Schwaben-Augsburg.
b) Kultraum der Synagoge mit Orgel auf der Ostempore, vor 1938 [Abb. S. 38];
Staatliches Bauamt Augsburg.

4.1.2 Zeitungsartikel (Reproduktion)
Augsburger Allgemeine, 15. März 1972 [Abb. S. 39];
Archiv der Augsburger Allgemeinen.

4.2 DIE RENOVIERUNG DER SYNAGOGE

4.2.1 Fotografien (Reproduktionen)
a) Julius Spokojny, 1979 [Abb. S. 40];
JKMAS # JKMB-005252.
b) Kultraum der Synagoge während der Restaurierung, 1984 [Abb. S. 40];
Staatliches Bauamt Augsburg.
c) Synagogen-Brunnen mit Davidfigur, vor 1938 [Abb. S. 41];
JKMAS # JKMB-004707.

4.2.2 Säulenfragment
des Synagogen-Brunnens zur rituellen Handwaschung, um 1916,
Keramik, Durchmesser ca. 23 cm, Höhe 71,5 cm [Abb. S. 41];
Werkstatt Michael Pittroff, Neusäß.

4.2.3 Fragmente der Säule
des Synagogen-Brunnens, um 1916,
Keramik, ca. 18 x 15 cm und ca. 19 x 17 cm [Abb. S. 41]
Werkstatt Michael Pittroff, Neusäß.

4.3 VIEL ARBEIT – DIE ARBEIT VIELER

4.3.1 Fotografien
a) Treppenaufgang zur Frauenempore, 1984,
Fotopapier auf Papier, 8,9 x 8,2 cm [Abb. S. 42];
Staatliches Bauamt Augsburg.
b) Leuchter am Treppenaufgang zur Frauenempore, 1984,
Fotopapier auf Papier, 12,1 x 17,1 cm [Abb. S. 42];
Staatliches Bauamt Augsburg.
c) Materialanalyse der Mosaiksteine, 1984,
Fotopapier, 29,7 x 21 cm [Abb. S. 43];
Staatliches Bauamt Augsburg.

4.3.2 Fotografien (Reproduktionen)
a) Handwerker bei der Restaurierung des Glasmosaiks im Tonnengewölbe, 1984 [Abb. S. 43];
Staatliches Bauamt Augsburg.
b) Foyer der Synagoge, vor 1938 [Abb. S. 44];
JKMAS # JKMB-004708.

4.3.3 Skizze
der Leuchter am Treppenaufgang zur Frauenempore, Peter Pachmayr, 1984,
Transparentpapier, 29,7 x 21 cm [Abb. S. 42];
Staatsbauamt Augsburg.

4.3.4 Broschüre
Florentiner Synagoge, 1983,
Papier, 14,8 x 32 cm [Abb. S. 43];
Staatliches Bauamt Augsburg.

4.3.5 Kachel
der Säulenumkleidung im Foyer der Synagoge, 1990,
Keramik, 34 x 17,5 x 2,5 cm [Abb. S. 44];
Werkstatt Michael Pittroff, Neusäß.

5. DAS ENDE DES SCHWEIGENS

5.1 ZWISCHEN SCHAM UND EMPÖRUNG

5.1.1 Zeitungsartikel (Reproduktionen)
a) Augsburger Allgemeine, 10. November 1978 [Abb. S. 46];
Archiv der Augsburger Allgemeinen.
b) Augsburger Allgemeine, 10. November 1988 [Abb. S. 46];
Archiv der Augsburger Allgemeinen.

5.1.2 Titelblätter (Reproduktionen)
a) Der Spiegel, 29. Januar 1979 [Abb. S. 46];
Der Spiegel, Hamburg.
b) Der Spiegel, 5. Februar 1979 [Abb. S. 46];
Der Spiegel, Hamburg.

5.1.3 Fotografie (Reproduktion)
Schweigemarsch durch Augsburg mit Fackeln, 9. November 1978 [Abb. S. 47];
Fred Schöllhorn, Augsburg.

5.2 GEDENKEN AN DEN 9. NOVEMBER 1938

5.2.1 Fotografien (Reproduktionen)
a) Kantor Abraham Hochwald, 9. November 1978 [Abb. S. 48];
Fred Schöllhorn, Augsburg.
b) Pogromgedenken im Innenhof der Synagoge, 9. November 1978 [Abb. S. 48];
Fred Schöllhorn, Augsburg.
c) Gedenkfeier in der Synagoge zum Novemberpogrom, 9. November 1988 [Abb. S. 49];
Fred Schöllhorn, Augsburg.
d) Schweigemarsch durch Augsburg, 9. November 1988 [Abb. S. 49];
Fred Schöllhorn, Augsburg.

5.3 DER AUGSBURGER BISCHOF DR. JOSEF STIMPFLE

5.3.1 Fotografie
Bischof Josef Stimpfle bei der Wiedereinweihung der Synagoge, 1. September 1985,
Fotopapier, 17,5 x 12,6 cm [Abb. S. 50];
Archiv des Bistums Augsburg.

5.3.2 Silberplatte
mit Reliefs zu den zwölf Stämmen Israels, 1989,
Silber, Relief, gerahmt 38 x 40 cm [Abb. S. 50];
Archiv des Bistums Augsburg.

5.3.3 Neujahrsgrüße
von Bischof Josef Stimpfle an Julius Spokojny, 16. September 1974,
Papier, 29,7 x 21 cm [Abb. S. 51];
Archiv der IKG Schwaben-Augsburg.

5.4 EINE JÜDISCHE HEIMATGESCHICHTE

5.4.1 Schreiben (Reproduktion)
der Bürgervereinigung zur Erforschung Landsberger Zeitgeschichte, 12. März 1984 [Abb. S. 52];
Archiv der IKG Schwaben-Augsburg.

5.4.2 Bücher
a) Henryk M. Broder/Michel R. Lang (Hg.), Fremd im eigenen Land, Frankfurt a.M. 1979,
Papier, Taschenbuch, 18 x 10,5 cm [Abb. S. 52];
Marc Wrasse, Berlin.
b) Lea Fleischmann, Dies ist nicht mein Land, Hamburg 1980,
Papier, Taschenbuch, 18 x 11,5 cm [Abb. S. 52];
Marc Wrasse, Berlin.
c) Ralph Giordano, Die zweite Schuld oder Von der Last Deutscher zu sein, Hamburg 1987,
Papier, Taschenbuch, 21,7 x 14,8 cm [Abb. S. 52];
Marc Wrasse, Berlin.

5.5 BEGINNENDE ERINNERUNG

5.5.1 Ausstellungskatalog (Reproduktion)
Hans Thieme/Hermann Lamprecht (Hg.), Mein Augsburg, Augsburg 1983 [Abb. S. 53];
Marc Wrasse, Berlin.

5.5.2 Begleitprogramm (Reproduktion)
zur Ausstellung „Mein Augsburg", 1983 [Abb. S. 53];
Marc Wrasse, Berlin.

5.5.3 Bücher
a) Alexander und Margarete Mitscherlich, Die Unfähigkeit zu trauern, München 1967,
Papier, 21,7 x 14,8 cm [Abb. S. 53];
Marc Wrasse, Berlin.
b) Gerhard Frank/Walter Höfft/Walter Wulf, Grundzüge der Geschichte, 6. Auflage. Frankfurt a.M. u.a. 1966,
Papier, 23,4 x 16 cm [Abb. S. 53];
Ruth Melcer, Berlin.

Verzeichnis der Exponate

5.5.4 Zeitungsartikel (Reproduktion)
Augsburger Allgemeine, 23. August 1985
[Abb. S. 54];
Archiv der Augsburger Allgemeinen.

5.6 GERNOT RÖMER –
EIN PIONIER DER ERINNERUNG

5.6.1 Fotografien (Reproduktionen)
a) Gernot Römer, 2005 [Abb. S. 55];
Fred Schöllhorn, Augsburg.
b) Dr. Georg Simnacher, Julius Spokojny, Gernot Römer
und Günter Holland (v. li.) in der Redaktion der
„Augsburger Allgemeinen", 1983 [Abb. S. 55];
Fred Schöllhorn, Augsburg.

5.6.2 Publikationen von Gernot Römer
a) Gernot Römer, Es gibt immer zwei Möglichkeiten... Mitkämpfer, Mitläufer und Gegner Hitlers
am Beispiel Schwabens, Augsburg 2000,
Papier, Taschenbuch, 24 x 17 cm [Abb. S. 55];
JKMAS # Bd-12.
b) Gernot Römer, Die grauen Busse in Schwaben.
Wie das Dritte Reich mit Geisteskranken und
Schwangeren umging. Berichte, Dokumente,
Zahlen und Bilder, Augsburg 1986,
Papier, Taschenbuch, 24 x 16,6 cm [Abb. S. 55];
JKMAS # Bd-17.
c) Gernot Römer unter Mitarbeit von Ellen
Römer, Der Leidensweg der Juden in Schwaben.
Schicksale von 1933 bis 1945 in Berichten, Dokumenten und Zahlen, Augsburg 1983,
Papier, Taschenbuch, 24 x 16,6 cm [Abb. S. 55];
JKMAS # Bd-59.
d) Stefan Vogel/Gernot Römer, Wo Steine sprechen... Die jüdischen Friedhöfe in Schwaben. Ein
Buch der Erinnerung, Augsburg 1999,
Papier, gebunden, 32 x 23 cm [Abb. S. 55];
JKMAS # Db-3.
e) Gernot Römer, Schwäbische Juden. Leben und
Leistungen aus zwei Jahrhunderten in Selbstzeugnissen, Berichten und Bildern, Augsburg 1990,
Papier, Taschenbuch, 24 x 16,6 cm [Abb. S. 55];
JKMAS # Db-10.1.
f) Gernot Römer, Die Austreibung der Juden aus
Schwaben. Schicksale nach 1933 in Berichten,
Dokumenten, Zahlen und Bildern, Augsburg 1987,
Papier, Taschenbuch, 24 x 16,7 cm [Abb. S. 55];
JKMAS # Db-19.
g) Gernot Römer, „Wir haben uns gewehrt". Wie
Juden aus Schwaben gegen Hitler kämpften und
wie Christen Juden halfen, Augsburg 1995,
Papier, Taschenbuch, 24 x 16,5 cm [Abb. S. 55];
JKMAS # Db-75.
h) Gernot Römer, Für die Vergessenen. KZ-Außenlager in Schwaben – Schwaben in Konzentrationslagern. Berichte, Dokumente, Zahlen und
Bilder, Augsburg 1984,
Papier, Taschenbuch, 24 x 16,7 cm [Abb. S. 55];
JKMAS # Dc-2.
i) Gernot Römer, Ein fast normales Leben. Erinnerungen an die jüdischen Gemeinden Schwabens. Ausstellungskatalog zur gleichnamigen
Ausstellung der Stiftung Jüdisches Kulturmuseum
Augsburg-Schwaben 1995, Augsburg 1995,
Papier, Taschenbuch, 29,6 x 21 cm [Abb. S. 55];
JKMAS # Dca-20.1.

6. IN ALTER PRACHT

6.1 DIE WIEDEREINWEIHUNG DER SYNAGOGE

6.1.1 Fotografien (Reproduktionen)
a) Wiedereinweihung der Großen Synagoge,
1. September 1985 [Abb. S. 56];
JKMAS # JKMB-004754.
b) Walter Jacob bei seiner Ansprache,
1. September 1985 [Abb. S. 58];
Silvio Wyszengrad, Augsburg.
c) Kantor Moshe Stern aus Jerusalem,
1. September 1985 [Abb. 58];
Silvio Wyszengrad, Augsburg.
d) Julius Spokojny mit Dekan Johannes Merz,
Bischof Josef Stimpfle und Kultusminister Hans
Maier (v. li.), 1. September 1985 [Abb. S. 58];
Silvio Wyszengrad, Augsburg.

6.1.2 Einladung
zur Wiedereinweihung mit dem Programm des
Festtags, 1985;
Papier, 21 x 30 cm [Abb. S. 57];
Archiv des Bistums Augsburg.

6.1.3 Zeitungsartikel (Reproduktion)
Augsburger Allgemeine, 2. September 1985
[Abb. S. 58];
Archiv der Augsburger Allgemeinen.

6.1.4 Briefumschlag
mit Sonderstempel zur 2000-Jahr-Feier der Stadt
Augsburg, 1. September 1985,
Papier, 9,3 x 16,2 cm [Abb. S. 59];
JKMAS # JKM 2004-58.

6.1.5 Festzeitung
der Israelitischen Kultusgemeinde Schwaben-Augsburg, 1. September 1985,
Papier, 36 x 26,5 cm [Abb. S. 59];
JKMAS # JKM 2004-270.

6.2 JULIUS SPOKOJNY –
PRÄSIDENT UND SENATOR

6.2.1 Zeitungsartikel (Reproduktion)
Augsburger Allgemeine, 12. März 1977
[Abb. S. 61];
Archiv der Augsburger Allgemeinen.

6.2.2 Chanukka-Leuchter
Jehoshua Freiman, Israel, um 1980,
Silber, Holz, 17,5 x 25 x 8 cm [Abb. S. 61];
JKMAS # JKM 2002-8.

6.2.3 Fotografien (Reproduktionen)
a) Julius Spokojny, um 1990 [Abb. S. 60];
Fred Schöllhorn, Augsburg.
b) Sitzung des Zentralrats der Juden in Deutschland im Festsaal der Synagoge, August 1979
[Abb. S. 62];
JKMAS # JKMB-005249.
c) Julius Spokojny mit Oberbürgermeister Hans
Breuer und Ministerpräsident Franz-Josef Strauß
(v. li.), 1985 [Abb. S. 62];
Fred Schöllhorn, Augsburg.
d) Julius Spokojny mit Bundespräsident Richard
von Weizsäcker (v. li.), um 1990 [Abb. S. 62];
JKMAS # JKMB-006707.

7. BEGEGNUNGEN

7.0.1 Fotografie (Reproduktion)
Gäste der Wiedereinweihung vor der Synagoge,
1. September 1985 [Abb. S. 63];
Silvio Wyszengrad, Augsburg.

7.1 RÜCKKEHR

7.1.1 Schreiben (Reproduktion)
des Bezirks Schwaben mit dem Programm
des „Schwabentreffens ehemaliger jüdischer
Mitbürger", 21. August 1985 [Abb. S. 64];
Archiv der IKG Schwaben-Augsburg.

7.1.2 Fotografie (Reproduktion)
Ernst Cramer, um 1990 [Abb. S. 64];
Fred Schöllhorn, Augsburg.

7.2 ZÖGERLICHE EINLADUNG

7.2.1 Zeitungsartikel (Reproduktionen)
a) Israel Nachrichten, 16. Oktober 1984
[Abb. S. 65];
Stadtarchiv Augsburg.
b) Augsburger Allgemeine, 28. August 1985
[Abb. S. 66];
Archiv der Augsburger Allgemeinen.
c) Augsburger Allgemeine, 30. August 1985
[Abb. S. 66];
Archiv der Augsburger Allgemeinen.

7.2.2 Fotografie (Reproduktion)
Treffen ehemaliger Mitglieder der Privaten
Tennisgesellschaft Augsburg in Ellenville, New
York/USA, 1988 [Abb. S. 67];
JKMAS # JKMB-004549.

7.2.3 Einladungsschreiben (Reproduktion)
zum jährlichen Treffen des Schwaebischen
Unterstuetzungs-Vereins in Ann Arbor, Michigan/
USA, 1987 [Abb. S. 67];
Stadtarchiv Augsburg.

7.2.4 Karteikasten
von Gernot Römer mit ca. 500 Karteikarten zu
Fotografien aus verschiedenen jüdischen Gemeinden in Schwaben, 1978 – 2014,
Kunststoff, Papier, 10,5 x 12,4 x 27,5 cm
[Abb. S. 67];
Gernot Römer, Stadtbergen.

7.3 „DIESEN BESUCH KÖNNEN SIE NICHT
MIT WORTEN BESCHREIBEN"

7.3.1 Fotografie (Reproduktion)
Dr. Lotte Dann-Treves (li.) mit ihren drei Schwestern Elisabeth Stern, Sophie und Gertrud Dann
vor der Synagoge, 1985 [Abb. S. 68];
JKMAS # JKMB-002103.

7.3.2 Schreiben (Reproduktion)
von Bertl Loeb aus Miami Beach, Florida/USA, an
die Stadt Augsburg, 7. März 1987 [Abb. S. 68];
Stadtarchiv Augsburg.

7.4 REAKTIONEN

7.4.1 Schreiben (Reproduktionen)
a) von Walter Sturm aus Glen Cove, New York/
USA, an die Stadt Augsburg, Januar 1986
[Abb. S. 69];
Stadtarchiv Augsburg.
b) von Justinus J. Einstoss aus Belo Horizonte/
Brasilien, an die Stadt Augsburg, 1. Dezember
1986 [Abb. S. 69];
Stadtarchiv Augsburg.

7.5 AMBIVALENTE ERINNERUNGEN

7.5.1 Schreiben (Reproduktion)
von Walter Stiel aus Riverdale, New York/USA, an
die Stadt Augsburg, 18. März 1985 [Abb. S. 70];
Stadtarchiv Augsburg.

Index of Exhibits

8. EIN MUSEUM IN DER SYNAGOGE

8.1 DIE GRÜNDUNG DES JÜDISCHEN KULTURMUSEUMS AUGSBURG-SCHWABEN

8.1.1 Plakat
des Jüdischen Kulturmuseums, 1985,
Papier, 84,1 x 59,4 cm [Abb. S. 72];
JKMAS Plakatsammlung.

8.1.2 Fotografien
a) Exponate der ersten Dauerausstellung des JKM, um 1990,
Fotopapier, 8,6 x 12,7 cm [Abb. S. 73];
JKMAS # JKMB-009234.
b) Exponate der ersten Dauerausstellung des JKM, um 1990,
Fotopapier, 8,6 x 12,7 cm [Abb. S. 73];
JKMAS # JKMB-009235.
c) Exponate der ersten Dauerausstellung des JKM, um 1990,
Polaroid, 10,3 x 10,1 cm [Abb. S. 73];
JKMAS # JKMB-009236.

8.2 KOSTBARE ERINNERUNG

8.2.1 Ausstellungskatalog
Mordechai B. Ansbacher, Zeugnisse jüdischer Geschichte und Kultur, Augsburg 1985,
Papier, gebunden, 24,5 x 16,5 cm [Abb. S. 74];
JKMAS # Bl-16.

8.2.2 Geleitwort (Reproduktion)
von Julius Spokojny zum Ausstellungskatalog 1985 [Abb. S. 74];
JKMAS # Bl-16.

8.3 AUSSTELLUNGSPOLITIK

8.3.1 Mizwa-Zug
mit den Ritualgegenständen für die Feiertage,
Jehoshua Freiman, Israel, um 1980,
Silber, 13,5 x 54 cm [Abb. S. 75];
JKMAS # JKM 2004-102.

8.3.2 Tora-Zeiger
Deutschland, um 1800,
Silber, Durchmesser ca. 3 cm, Höhe 29 cm [Abb. S. 75];
Bayerisches Nationalmuseum München.

8.3.3 Besomim-Dose
Deutschland, 20. Jahrhundert,
Silber, Durchmesser ca. 7,5 cm, Höhe 24 cm [Abb. S. 75];
Bayerisches Nationalmuseum München.

8.3.4 Zeitungsartikel (Reproduktion)
Augsburger Allgemeine, 14. März 1986 [Abb. S. 76];
Archiv der Augsburger Allgemeinen.

8.3.5 Fotografie (Reproduktion)
Hana Walter am Museumsempfang, 2005 [Abb. S. 77];
JKMAS # JKMB-002425.

8.3.6 Plakate (Reproduktionen)
a) „Die Mesusa", Ausstellung des Jüdischen Kulturmuseums, 1988 [Abb. S. 77];
JKMAS Plakatsammlung.
b) „Die Jad", Ausstellung des Jüdischen Kulturmuseums, 1989 [Abb. S. 77];
JKMAS Plakatsammlung.

9. DAS EIGENE LAND – DAS ANDERE LAND

9.1 ZWISCHEN DEUTSCHLAND UND ISRAEL

9.1.1 Fotografie (Reproduktion)
Chaim Strzegowski (1. v. li.), Silvio Wyszengrad (2. v. li.) und Jacky Schenavsky (re.) an einem Stand in der Innenstadt anlässlich des 30. Jahrestags der Staatsgründung Israels, 12. Mai 1978 [Abb. S. 79];
Fred Schöllhorn, Augsburg.

9.1.2 Reisepass
von Israel Melcer, ausgestellt in Augsburg 1964,
Papier, 15 x 10,5 cm [Abb. S. 80];
Ruth Melcer, Berlin.

9.1.3 Geldscheine
a) 100 Israelische Pounds („Lirot"), 1968,
Papier, 8,9 x 18 cm [Abb. S. 80];
Ruth Melcer, Berlin.
b) 5 Israelische Pound („Lirot"), 1968,
Papier, 7,5 x 15 cm [Abb. S. 80];
Ruth Melcer, Berlin.

9.1.4 Fotografien (Reproduktionen)
a) Israel Melcer mit seiner Familie in Jericho, 1972 [Abb. S. 81];
Ruth Melcer, Berlin.
b) Gideon Scheindling mit seiner Tochter in Israel, um 1995 [Abb. S. 81];
Ilan Scheindling, Gersthofen.

9.2 KONTAKTE

9.2.1 Schreiben (Reproduktion)
a) Schreiben von Julius Spokojny an den Jüdischen Nationalfonds mit Liste der Spenden von Mitgliedern der IKG Schwaben-Augsburg für die Organisation, 2. Dezember 1974 [Abb. S. 81];
Archiv der IKG Schwaben-Augsburg.
b) Neujahrsgrüße der Aktion Sühnezeichen Friedensdienste an die IKG Schwaben-Augsburg, 10. September 1974 [Abb. S. 82];
Archiv der IKG Schwaben-Augsburg.
c) Spendenbitte der Jeschiwa „Beit Josef", Jerusalem/Israel, an die IKG Schwaben-Augsburg, April 1970 [Abb. S. 82];
Archiv der IKG Schwaben-Augsburg.

9.3 ANNÄHERUNGEN

9.3.1 Fotografie (Reproduktion)
Julius Spokojny und Bischof Josef Stimpfle (v. li.) im Gespräch anlässlich der Wiedereinweihung der Synagoge, 1985 [Abb. S. 83];
Archiv des Bistums Augsburg.

9.3.2 Fotografie
Bischof Josef Stimpfle (2. v. li.) bei einer Israelreise vor einer Pflanzung des Jüdischen Nationalfonds, nach 1981,
Fotopapier, 9 x 14 cm [Abb. S. 83];
Archiv des Bistums Augsburg.

9.3.3 Zeitungsartikel (Reproduktion)
St. Ulrichsblatt, 31. März 1968 [Abb. S. 84];
Archiv des Bistums Augsburg.

9.3.4 Urkunde
des Jüdischen Nationalfonds (KKL) zu dem von der IKG Schwaben-Augsburg für Bischof Josef Stimpfle gestifteten Gedenkhain in Galiläa, 25. März 1981,
Papier, 44,7 x 55 cm [Abb. S. 85];
Archiv des Bistums Augsburg.

9.3.5 Büste
des Bischofs Josef Stimpfle, im Auftrag der IKG Schwaben-Augsburg angefertigt von Elmar Dietz, München, 1991,
Bronze, 21 x 36 x 25 cm [Abb. S. 85];
Haus Sankt Ulrich, Augsburg.

9.3.6 Widmungstafel
zur Büste des Bischofs Josef Stimpfle, 1991,
Bronze, 30,5 x 25,5 cm [Abb. S. 85];
Haus Sankt Ulrich, Augsburg.

9.4 IMMER DABEI

9.4.1 Backgammon-Spiel
von Ruth Melcer, erworben 1972,
Holz, 30,5 x 30,7 cm [Abb. S. 86];
Ruth Melcer, Berlin.

9.4.2 Buch
Hans Pletz, Mein Augsburg, Augsburg o.J.,
Papier, gebunden, 20,8 x 14,4 cm [Abb. S. 86];
Ruth Melcer, Berlin.

9.5 TIKWA = HOFFNUNG

9.5.1 Fotografien
a) Blick aus dem Fenster der ersten Wohnung von Ruth Melcer in Tel Aviv, um 1977,
Fotopapier, 8,9 x 8,6 cm [Abb. S. 87];
Ruth Melcer, Berlin.
b) Wohnzimmer der Wohnung von Ruth Melcer in Tel Aviv, um 1977,
Fotopapier, 8,9 x 8,6 cm [Abb. S. 87];
Ruth Melcer, Berlin.

9.5.2 Fotografie (Reproduktion)
Küche der Wohnung von Ruth Melcer in Tel Aviv, um 1977 [Abb. S. 87];
Ruth Melcer, Berlin.

9.5.3 Ausweise
a) Vorläufiger Reisepass von Ruth Melcer, Israel, 1983,
Papier, 15 x 10 cm [Abb. S. 88];
Ruth Melcer, Berlin.
b) Personaldokument der Jewish Agency von Ruth Melcer, Israel, 1980,
Papier, 13,1 x 8,8 cm [Abb. S. 88];
Ruth Melcer, Berlin.

9.5.4 Ausweise (Reproduktionen)
a) Kinderausweis von Ruth Melcer, Deutschland, 1967 [Abb. S. 88];
Ruth Melcer, Berlin.
b) Personalausweis von Ruth Melcer, Deutschland, 1973 [Abb. S. 88];
Ruth Melcer, Berlin.

9.5.5 Bescheinigung
der israelischen Armee über die Befreiung vom Wehrdienst für Ruth Melcer, Israel, 1983,
Papier, 17,4 x 9,8 cm [Abb. S. 88];
Ruth Melcer, Berlin.

9.6 FREMD IM EIGENEN LAND – ODER IN ZWEI LÄNDERN ZUHAUSE?

9.6.1. Telefonmünze
„Assimon", Israel, 1965/66,
Kupfer, Durchmesser 1,9 cm [Abb. S. 89];
Ruth Melcer, Berlin.

9.6.2 Buch
Dan Ben-Amoz, Liskor we-Lischkoach, Tel Aviv 1968,
mit Autorenautogramm, Papier, Taschenbuch, 21,2 x 13,2 cm [Abb. S. 89];
Ruth Melcer, Berlin.

9.6.3 Handwörterbuch
Hebräisch-Deutsch von Langenscheidt-Achiasaf, Berlin u.a. 1983,
Papier, gebunden, 21,7 x 15,7 cm [Abb. S. 89];
Jacky Schenavsky, Berlin.

Anrede

Vergebt uns – nicht.
Vergebt nicht einen Kolbenschlag,
nicht einen Tritt,
nicht eine Quälerei,
nicht einen Tod.

Vergebt uns nicht.
Vergebt nicht ein verbranntes Buch,
nicht eine zerfetzte Geigenseite,
nicht einen Stern, der nicht am Himmel steht.

Vergebt uns nicht,
vergebt nicht einen scharfen Blick,
nicht eine Hand, die Eurer sich entzog,
den Schritt nicht, der vor Euch um eine Ecke bog.

Vergebt uns nicht.
Vergebt nicht unsern Kindern.
Die Augen haltet uns offen,
unsere Herzen auch.
Bleibt bei uns.
Lasst uns nicht mit uns allein.

Ulla Hahn (*1946) gehört zu den wichtigen Stimmen der deutschen Literatur der Gegenwart. Sie entstammt einer katholischen Familie und wuchs in einer Kleinstadt im Rheinland auf. Als junge Frau erlebte sie die in Frankfurt am Main ab 1963 stattfindenden Prozesse gegen ehemalige Angehörige der Lagermannschaft des Konzentrationslagers Auschwitz als prägend für ihre geistige Biografie. Das zitierte Gedicht wurde erstmals 1983 in dem Band „Spielende" veröffentlicht.

Address

Forgive us – not.
Forgive not a blow with the rifle butt,
not a kick,
not a torment,
not a death.

Forgive us not.
Forgive not a book burned,
not the side of a violin smashed,
not a star now missing from the sky.

Forgive us not,
forgive not a harsh look,
not a hand that withdrew from yours,
not the step that turned a corner ahead of you.

Forgive us not.
Forgive not our children.
Keep our eyes open,
our hearts too.
Stay with us.
Do not leave us alone with ourselves.

Ulla Hahn (b. 1946) is one of contemporary German literature's most important voices. She comes from a Catholic family and grew up in a small town in the Rhineland. As a young woman in 1963 she witnessed the trials held in Frankfurt am Main against former officials of the Auschwitz concentration camp. It was a watershed moment in her spiritual biography. The poem quoted here was first published in her 1983 collection "Spielende" ("Game Over").